KEITH RICHARDS

UMA VIDA ROCK 'N' ROLL

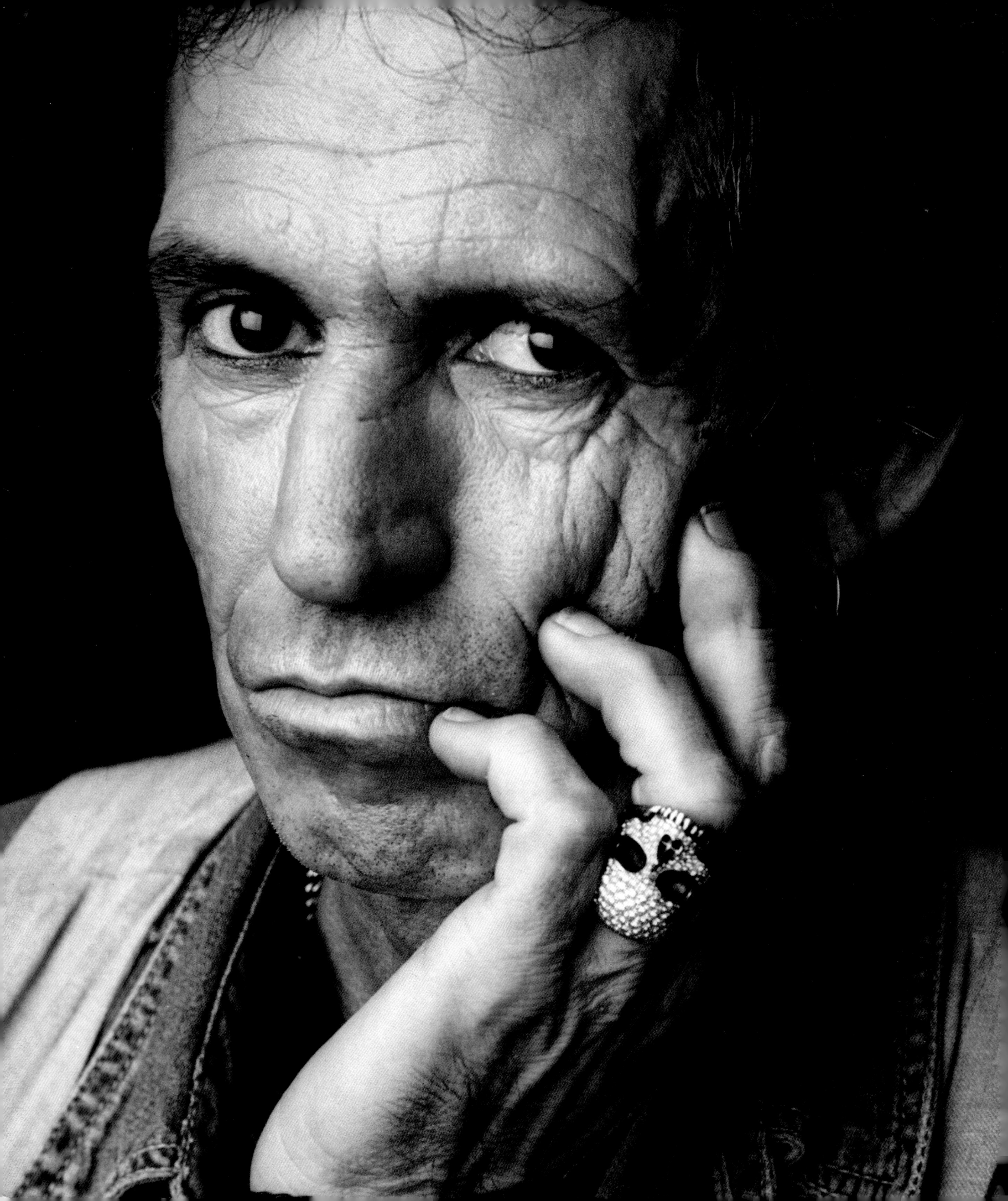

KEI

Sumário

TEXTO DE
BILL MILKOWSKI

EDIÇÃO DE
VALERIA MANFERTO DE FABIANIS

PROJETO GRÁFICO DE
PAOLA PIACCO

TH

RICHARDS

A importância de ser Keef

Ele viveu uma vida de excessos, testou os próprios limites, caminhou na fronteira entre a ordem e o caos, desrespeitando as normas com um espírito insaciável e dionisíaco. E não se arrepende de nada. Olhando hoje para seu rosto famoso e enrugado – espécie de mapa físico de uma longa trajetória de guerreiro errante do rock 'n' roll –, é difícil imaginar Keith Richards garotinho, com voz angelical, cantando no coro da Abadia de Westminster. Ele afirma que, no auge da fama dos Rolling Stones, dormia só duas noites por semana. Ao longo da carreira, provavelmente já fez uma quantidade de coisas que alguém comum precisaria de três vidas para fazer.

Lenda do rock e autêntico herói da guitarra (eleito pela revista *Rolling Stone* como o quarto entre os cem melhores guitarristas de todos os tempos), Richards teve a vida afetada pelo vício em heroína e pelo uso excessivo de drogas. Já foi preso, exposto ao ridículo por tabloides britânicos, esteve hospitalizado e à beira da morte algumas vezes. Contudo, ele resiste. Provavelmente o mais importante sobrevivente do rock 'n' roll, Keith continua na ativa depois de tantos anos. E, com uma ironia típica, garante que se sentiu "orgulhoso" de figurar por dez anos seguidos no topo das listas de celebridades prestes a morrer. "Fiquei decepcionado quando meu nome desceu para a nona posição do ranking", escreveu em sua autobiografia *Vida*, um best-seller.

Certa vez, ele declarou à revista *NME* que não tinha "nenhuma pretensão de ser imortal".

As lembranças que tenho de Keith remontam à minha infância, nos anos 1960. Tendo crescido em Milwaukee – perto de Chicago –, conheci os mesmos heróis do blues que Richards venerava em seus tempos de garoto criado em Dartford, na Inglaterra: Muddy Waters, Howlin' Wolf, Jimmy Reed, Little Walter, entre outros. Por meio de Tom, meu irmão mais velho e guitarrista, tive contato com Fats Domino, Jerry Lee Lewis, The Coasters e Gary U. S. Bonds, e também com a música funky de mestres do piano como Professor Longhair e Eddie Bo. Portanto, estava preparado para o surgimento dos Rolling Stones, com os álbuns *England's Newest Hit Makers*, *12x5* e *Rolling Stones, Now!*, no auge da "invasão britânica". Vê-los tocando "Satisfaction", "She Said Yeah" e "Get Off Of My Cloud" no *Hullabaloo*, programa musical da TV NBC, em 15 de novembro de 1965, foi uma revelação – Brian Jones e Keith Richards com guitarras Gibson Firebird que combinavam entre si e Mick Jagger com timbre de cantor negro, lábios carnudos e movimentos firmes. Reproduzo as palavras de meu irmão Tom a respeito do impacto que os Rolling Stones – e particularmente Keith Richards – tiveram sobre ele na época.

"Eu já tinha ouvido Beatles, claro. E tive uma namorada que curtia Stones. Então, para impressioná-la, fiz questão de ir atrás de todas as gravações existentes dos Stones. Isso foi em 1965, ainda antes do lan-

453

çamento de 'The Last Time' e 'Satisfaction'. Na época, as músicas de maior sucesso da banda eram 'Tell Me', 'Heart Of Stone' e 'Little Red Rooster'; a minha primeira música predileta foi 'Not Fade Away'. Eles pegaram essa canção pop de Buddy Holly e a interpretaram com um ritmo incrível, bem ao estilo de Bo Diddley, com gaita, violão e guitarra, soando muito mais eletrizante para mim que as canções das quais os Beatles faziam cover, que soavam limpas. Era uma batida primorosa, um autêntico som negro. Eu me arrisco a dizer que aquilo tinha uma carga emocional muito maior que o som dos Beatles."

Quanto ao estilo de tocar guitarra, Tom se sentia muito mais atraído por Keith Richards que por George Harrison. A explicação era que "George fora mais influenciado por Carl Perkins, Buddy Holly e outros músicos brancos. Quando comecei a garimpar os LPs dos Stones, a cada faixa, eu levava a agulha direto aos solos de guitarra de Keith. O estilo dele nunca foi espalhafatoso, mas ele tinha uns fraseados melódicos de influência negra que eu achava que conseguiria aprender. E o som que ele tirava em cada música era perfeito. Era óbvio que os Stones viviam e respiravam a música R&B e que demoravam até conseguir a sonoridade que buscavam no estúdio. O ritmo deles era muito mais bacana que o dos Beatles, e na minha opinião Keith foi o responsável pelo som da banda, desde o início. Ele era o anti-George Harrison".

Quando os Stones finalmente vieram à nossa cidade, Tom assistiu ao show da banda no Milwaukee Arena e ficou impressionado com a postura deles no palco. "Eu admirava a atitude contestadora. Aqueles eram caras que com certeza mijavam onde bem entendiam. Os pais e as meninas da escola curtiam e aceitavam os Beatles, comportados, mas para nós os Stones é que eram os renegados."

Verdadeiro mestre dos riffs, Keith tocava fraseados diretos, incisivos e criativos, que marcaram canções icônicas, como "Satisfaction", "Start Me Up", "Brown Sugar", "Jumpin' Jack Flash" e "Honky Tonk Women". Discípulo de guitarristas brilhantes e pioneiros do rock, como Scotty Moore e Chuck Berry, e de bluesmen como Muddy Waters e Jimmy Reed, Richards (conhecido pelo apelido "Keef" na infância) forjou uma linguagem própria em seu instrumento, influenciando gerações de aspirantes a roqueiros.

Nils Lofgren, guitarrista da banda E-Street, de Bruce Springsteen, se lembra de ter sido fisgado na época do ginásio ao ouvir "Satisfaction" e, posteriormente, do espanto e da admiração que sentiu diante do clima sombrio evocado por Keith na introdução de "Gimme Shelter". Ele afirmou à revista *Rolling Stone*: "Com duas ou três notas, Keith compôs temas que soavam mais poderosos que qualquer outro solo maravilhoso. Fui vê-lo tocar com o X-Pensive Winos. No camarim, ele começou um riff de Chuck Berry. Eu nunca tinha ouvido um som como aquele. Adoro Chuck Berry, e aquilo era melhor que o original. Não só pelo nível técnico – tinha ali um componente emocional que mexeu comigo. O que Chuck representa para Keith é o que Keith representa para mim".

O próprio Richards comenta sobre essa característica rara, que foi transmitida a Lofgren e a gerações de guitarristas que o sucederam: "Chuck herdou isso de T-Bone Walker; eu herdei isso de Chuck, Muddy Waters, Elmore James e B. B. King. Todos nós somos membros de uma família que remonta a milhares de anos atrás. E estamos passando isso adiante".

Além da grande destreza na guitarra, Keith Richards já garantiu lugar na Calçada da Fama dos compositores, como parte de uma inesquecível dupla, com seu eterno amigo/inimigo e parceiro de composição, Mick Jagger. Ora intima, ora surpreendente, a parceria de mais de cinquenta anos resiste até hoje e é marcada por uma criatividade única e por demonstrações mesquinhas de ciúme.

Tive a sorte de entrevistar Keith Richards em 1988, época em que promovia seu primeiro álbum solo, *Talk Is Cheap*. Ele tinha 44 anos, mas parecia ter 60. Fumava um cigarro atrás do outro e bebeu Jack Daniels durante os sessenta minutos da entrevista; mostrou-se cativante e acessível em todas as respostas às inúmeras perguntas. Prestava atenção e respondia de imediato, dando sequência a um diálogo, não só com as respostas de sempre, que ele costumava dar a entrevistadores ávidos por novidades. No final da conversa, mencionei que seu amigo Robert Cray, guitarrista de blues, tocaria na cidade naquela noite e perguntei se ele pretendia assistir ao show. Keith riu e respondeu num tom grave de voz de pirata: "Não, parceiro. Tenho de cuidar das crianças hoje", referindo-se a suas filhas Alexandra e Theodora, que, na época, tinham 2 e 3 anos, respectivamente.

Nosso papo me deixou com a impressão de que Keith era um cara pé no chão, mas eu me perguntava, naquele momento, se os Rolling Stones iriam, de fato, sobreviver às carreiras solo de Richards e Jagger. Keith me disse: "Mick e eu ainda estamos testando um ao outro. Mas eu o adoro. Gosto muito de trabalhar com ele. Algumas coisas que ele fez no passado me incomodaram, mas isso é natural. Amigos de verdade são aqueles que se apoiam, certo? Caso contrário, é apenas um conhecido, não um amigo. Mick e eu estamos um pouco além do estágio de simplesmente insultar um ao outro. Não se trata, apenas, de dois *superstars* ricos satisfazendo o ego. Estamos tentando descobrir um ao outro. E acho que, a essa altura, Mick provavelmente está se dando conta de que ele realmente precisa dos Rolling Stones mais do que os Rolling Stones precisam dele".

Quase 25 anos depois de meu primeiro encontro com Keith, eu e ele estamos mais velhos e mais sábios. E, embora *Sir* Mick Jagger (ele recebeu o título de cavaleiro em 12 de dezembro de 2003), cioso de sua classe social, talvez prefira a companhia das celebridades, da realeza e da elite poderosa, estou convencido de que Keith é despretensioso e tem prazer em estar na companhia dos amigos, tocando sem compromisso no porão de sua casa em Connecticut, onde mora com a mulher com quem está casado há quase trinta anos, a ex-top model Patti Hansen.

"Sou igual a qualquer outra pessoa", declarou certa vez à *NME*, "só sou meio sortudo."

A maré de sorte de Keith ainda não passou. É possível que ele viva mais do que todos nós. E, sem dúvida, continuará dando show.

2 Exibindo seu estimado anel de caveira.

3 No Union Club, na Greek Street, Londres, em 19 de setembro de 1995.

4 Em turnê com os New Barbarians, projeto paralelo, de 1979, que reunia Ronnie Wood, companheiro de banda nos Rolling Stones, Stanley Clarke, baixista do Return to Forever, e Zigaboo Modeliste, baterista do The Meters.

7 Atordoado e abatido, em frente a sua casa em Redlands, destruída por um incêndio em agosto de 1973.

10-11 Fazendo pose rebelde, em foto de 1981.

Os anos iniciais

O GAROTO DE DARTFORD ENCONTRA SATISFAÇÃO

KEITHRICHARDS

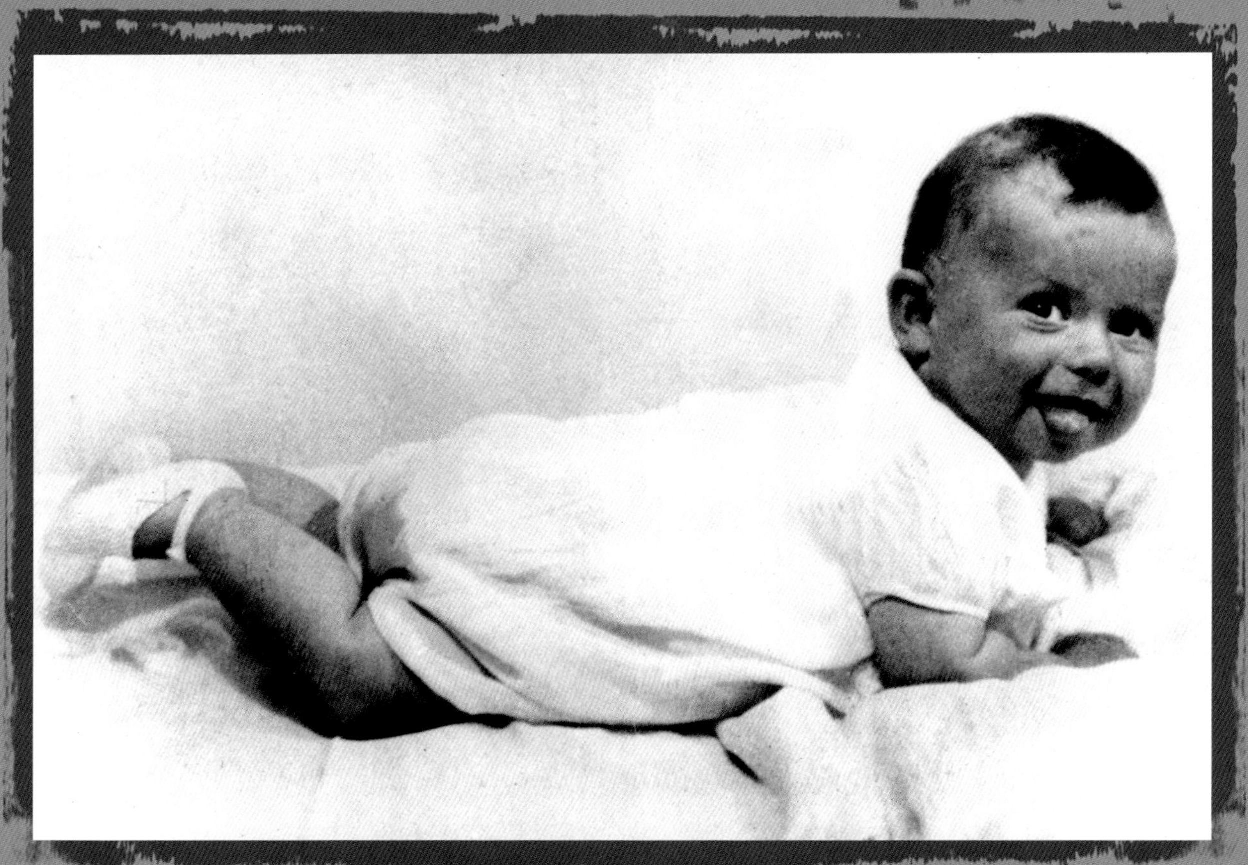

O início da carreira de Keith não teve nada de excepcional. Nascido em 18 de dezembro de 1943, filho de Bert e Doris Richards, ele cresceu na Inglaterra do pós-guerra, nos charcos de Dartford, ao longo do rio Tâmisa, no leste de Londres. De classe proletária, os pais proporcionaram ao filho único uma vida relativamente confortável no subúrbio, onde ele frequentou a Wentworth Primary School, ao lado de outro garoto que teria papel de destaque no futuro de Keith. O nome do garoto era Mick Jagger. Os dois eram praticamente vizinhos em Dartford, mas só alguns anos mais tarde começariam a explorar juntos a paixão pelo blues e pelo R&B afro-americanos e formariam uma banda amadora.

Foi Gus, avô materno de Keith, que o iniciou no instrumento de seis cordas, permitindo que ele tirasse melodias em um violão clássico espanhol aos 9 anos de idade e ensinando-o os primeiros fraseados e acordes. O hábito de cantarolar as músicas dos Everly Brothers pela casa a duas vozes, ao lado de sua tia Joanna, contribuiu para sua formação musical. Mas foi o som produzido por Elvis Presley, Little Richard, Chuck Berry, Buddy Holly, Jerry Lee Lewis, Fats Domino e Eddie Cochran, na rádio Luxembourg, que fisgou Keith, colocando-o no percurso que trilha até hoje. Desde a adolescência, o rock 'n' roll tornou-se, para ele, um vício tão arrebatador quanto os narcóticos a que se entregou no período mais decadente de sua vida.

Em 1959, ganhou da mãe seu primeiro violão. Um ano depois, por acaso, assistiu a seu herói dos tempos de infância, Chuck Berry, em *Jazz on a Summer's Day*, documentário de Bert Stern sobre o Newport Jazz Festival de 1958. Na edição de novembro de 2011 da revista *Rolling Stone*, Richards descreveu o impacto que sentiu ao descobrir Chuck: "Quando adolescente, vi Chuck Berry em *Jazz on a Summer's Day*, e o que me impressionou foi a maneira como ele rompia com o estilo tradicional, tocando com um grupo de jazzistas. Eles eram brilhantes – caras como Jo Jones na bateria e Jack Teagarden no trombone –, mas tinham aquela reação meio de desdém, comum aos grandes nomes do jazz: 'Ah, esse tal de rock 'n' roll...'. Mas Chuck rapidamente conquistou esses caras e enfrentou o clima de animosidade. Para mim, isso é o blues. É o tipo de atitude e de coragem que ele demanda. Aquilo era o que eu queria para mim; só que eu era branco".

"Eu ouvia e reproduzia cada um dos fraseados dele. Chuck tocava uma versão um pouco mais animada do blues de Chicago, aquele boogie de Chicago – que era tocado por todos os feras –, mas ele o fazia em um patamar mais elevado. Chuch tinha suingue. Aquilo era *rock*, mas o que importava mesmo era o *roll*. Em seus primeiros discos, Chuck era acompanhado por uma banda incrível: Willie Dixon no baixo,

Johnnie Johnson no piano, Ebby Hardy ou Freddy Below na bateria. Eles compreendiam o estilo de Chuck e entravam em sintonia. O resultado não poderia ser melhor."

A essa altura, Keith e Mick Jagger não tinham mais contato havia tempo. Passaram-se vários anos desde o último encontro dos dois, na Wentworth Primary School. Richards cursava então o Sidcup Art College, tendo sido expulso do Dartford Tech por não assistir às aulas; Jagger era aluno da London School of Economics. Porém, na manhã de 17 de dezembro de 1961, eles tiveram um encontro decisivo na estação de Dartford. Keith estava na plataforma, à espera do trem, e tinha nas mãos um disco de Chuck Berry. Mick o avistou, aproximou-se e perguntou sobre seu gosto musical. Jagger também era fã de Chuck Berry e membro de uma comunidade de fãs de música que se reunia todo sábado de manhã, num bar com jukebox em Dartford, para ouvir discos americanos de rock 'n' roll e R&B. Mick convidou Keith para um daqueles encontros, e foi a partir dali que a amizade dos dois se desenvolveu.

Descobertas as afinidades, os dois começaram a garimpar discos juntos, em busca de todos os álbuns de Chuck Berry, Buddy Holly, Eddie Cochran, Jimmy Reed, B. B. King, Little Milton e Muddy Waters que pudessem existir nas lojas locais. Na época, Jagger recebia uma generosa remessa de discos de blues e R&B pelo correio, da Chess Records de Chicago. E sua enorme coleção causava inveja a todos os fãs e colecionadores de discos de blues da cidade, inclusive Richards.

Às vezes, Mick e Keith viajavam juntos de carro até Manchester, para assistir a shows de lendas do blues como John Lee Hooker, Memphis Slim, Junior Wells, Buddy Guy e Hubert Sumlin. Ao que parece, instintivamente, estavam se aproximando das raízes do blues. Tinham gosto parecido e percebiam quais artistas eram apenas imitação e quais eram autênticos. Buscavam a autenticidade já em suas primeiras incursões no mundo da música.

Durante uma viagem com a família para Devon, no verão de 1961, Keith, com 17 anos, e Mick, com 18, tocaram juntos em um pub, informalmente, e tiveram boa receptividade da plateia. No final daquele ano, com Dick Taylor, baixista e colega de Keith no Sidcup College, Bob Beckwith na guitarra e Allen Etherington na bateria, Richards formou o Little Boy Blue and the Blue Boys, com Jagger na linha de frente, no papel de Little Boy Blue. Entre as primeiras músicas, estavam "That'll Be The Day" e "Not Fade Away", de Buddy Holly; "Reel-in' And Rockin'", de Chuck Berry; "Bright Lights, Big City", de Jimmy Reed; e "I Just Want To Make Love To You", de Muddy Waters.

Fizeram os primeiros shows como Little Boy Blue and the Blue Boys no Ealing Jazz Club, em Londres. Alexis Komer, principal nome do blues londrino, tocava semanalmente no mesmo clube, acompanhado da Blues Incorporated, com o jovem Charlie Watts na bateria e Ian Stewart no piano. Foi lá também que Mick e Keith conheceram Brian Jones (nome completo: Lewis Brian Hopkins Jones), que na época tocava guitarra slide e se apresentava com o nome de Elmo Lewis (homenagem a Elmore James, grande guitarrista slide de blues do Delta). Embora Richards reconhecesse o talento e o profundo conhecimento musical de Jones (de fato, ele se tornou uma espécie de mentor para Keith, chamando sua atenção para ícones do blues do Delta, como Robert Johnson e Son House), também detectou no guitarrista baixinho e loiro de Cheltenham traços de crueldade, manipulação e sangue-frio; um lado sombrio que posteriormente viria à tona de maneira trágica.

Na primavera de 1962, Brian Jones e Ian Stewart decidiram formar uma banda de R&B. Chamaram Jagger e Richards, o baixista Dick Taylor e Mick Avory, futuro baterista dos Kinks. De início, batizaram a banda de The Rollin' Stones, nome de uma canção homônima de Muddy Waters, a predileta dos integrantes. O primeiro show como Rolling Stones (com Tony Chapman na bateria) foi em 12 de julho de 1962, no Marquee de Londres. No setlist, covers de "Bright Lights, Big City" e "Big Boss Man", de Jimmy Reed; "Back In The USA", de Chuck Berry; "Baby What's Wrong?", de Willie Dixon; "Happy Home" e "Dust My Broom", de Elmore James; "I Ain't Got You", de Billy Boy Arnold; e uma versão agitada de "Down the Road a Piece", hit boogie-woogie de Amos Milburn, de 1946.

Durante os meses seguintes, eles apresentaram versões cruas de músicas de Chuck Berry, Bo Didley e Buddy Holly, bem como o blues pesado de Chicago, de Jimmy Reed e Muddy Waters. Com o tempo, Keith criou uma química integrada com Jones, seu parceiro de guitarra, buscando igualar-se a duplas de guitarristas do calibre de Muddy Waters e Jimmy Rogers, Howlin' Wolf e Hubert Sumlin ou os irmãos Myers (Louis e David), que tocavam com Little Walter, virtuose da gaita. Ao promover com entusiasmo a música das estrelas do blues de Chicago em seus shows, os Stones despertaram o interesse de uma geração de jovens britânicos por sons tipicamente americanos.

No fim do verão de 1962, Mick, Keith e Brian decidiram morar juntos em um apartamento sombrio em Fulham. Aceitando cachês baixos por shows pequenos (em geral, tocando só pelas cervejas), eles mal juntavam dinheiro para o aluguel e frequentemente recorriam a pequenos furtos em mercearias para não passar fome. Em setembro, conseguiram um contrato para apresentações semanais no Ealing Jazz Club; em janeiro de 1963, passaram a fazer shows regulares no Crawdaddy Club, famoso estabelecimento da cena underground no Richmond Station Hotel, administrado pelo audacioso Giorgio Gomelsky, que se tornou uma espécie de empresário informal do grupo.

No final de janeiro de 1963, o baixista Bill Wyman juntou-se à banda. Seu poderoso amplificador Vox deu aos Rolling Stones um vigor que eles não tinham até então. O som da banda também melhorou com a contratação do requisitado baterista Charlie Watts, que eles tentavam levar para o grupo havia vários meses. Watts tocara com a banda no final de 1962, mas não estava disposto a abrir mão dos shows com a Blues Incorporated, que lhe rendiam um cachê melhor (a formação da banda incluía Jack Bruce no baixo vertical, Alexis Korner na guitarra, Dick Heckstall-Smith no sax, Keith Scott no piano, Cyril Davies na gaita e Long John Baldry nos vocais). Em 2 de fevereiro de 1963, Brian, Mick, Keith e os demais músicos conseguiram pagar a remuneração pedida por Watts, que então se juntou oficialmente aos Stones. E, de imediato, seu poderoso *backbeat* levou a banda a um patamar mais alto (sua vaga no Blues Incorporated foi preenchida por Ginger Baker, que viria a ser o baterista do Cream).

Em várias entrevistas, Richards fez comentários sobre a contribuição de Charlie Watts à banda, mencionando sua grande sensibilidade e sua capacidade de expandir os limites de ritmo e colocando-o como o "segredo do som produzido pelos Rolling Stones". Como ele diz num videoclipe disponível na seção "Ask Keith" de seu site (www.keithrichards.com): "Sem um ótimo baterista, é dificílimo levar o trabalho adiante. Os grandes bateristas lhe dão a liberdade de fazer o que quiser. Você não se sente amarrado, e isso é o que importa. Charlie é um dos maio-

UM DOS PRIMEIROS SLOGANS PROMOCIONAIS "ANTI-BEATLES" DIZIA: **"VOCÊ DEIXARIA SUA FILHA SE CASAR COM UM ROLLING STONE?"**

res bateristas que já existiram no mundo... lindamente espontâneo e com personalidade e sutileza na maneira de tocar; uma eterna fonte de prazer. Ele toca muito. Charlie Watts sempre foi uma base musical para mim".

O baixista Bill Wyman explica o segredo da pulsação singular dos Rolling Stones da seguinte maneira: "É simples. Charlie conduz o grupo, Keith acelera, e eu me coloco no meio dos dois". O maravilhoso cabo de guerra rítmico passaria a definir a química entre os integrantes da banda durante décadas.

Foi em um desses shows regulares, num Crawdaddy Club lotado, que Andrew Loog Oldham, ex-assessor de imprensa dos Beatles, conheceu a nova formação dos Rolling Stones. Ele logo substituiu Gomelsky no posto de empresário oficial da banda, em abril de 1963, e intermediou um contrato do grupo com a Decca Records, promovendo-os como os "anti-Beatles", usando uma imagem mais agressiva em contraste com o visual bonitinho, os uniformes e o corte de cabelo *moptop* dos Fab Four. Uma das primeiras campanhas criadas por Oldham para a promoção da banda trazia um slogan provocativo: "Você deixaria sua filha se casar com um Rolling Stone?"

O primeiro single gravado pelo grupo para a Decca, um cover de "Come On", de Chuck Berry, foi lançado em 7 de junho de 1963. No lado B, estava "I Want To Be Loved", de Willie Dixon, com Jones na gaita. Em 23 de agosto, eles fizeram a dublagem de "Come On" para o *Ready, Steady, Go!*, programa de TV da BBC. Pouco depois, os Rolling Stones iniciaram uma turnê pelo Reino Unido (de 23 setembro a 3 de novembro), abrindo shows dos Everly Brothers, de Bo Diddley e de Little Richard. Keith Richards registra a lembrança: "A formação da banda era incrível. A sensação era a de que estávamos na Disneylândia ou no melhor parque temático que se poderia imaginar".

Em 7 de outubro, os Stones gravaram seu segundo single, um cover de "I Wanna Be Your Man", de Lennon e McCartney. No lado B, uma canção original de Jagger, Richards e Jones, "Stoned". Foi lançado no Reino Unido em 1º de novembro, com boa receptividade. Na segunda turnê da banda pelo país, de 7 de fevereiro a 3 de março de 1964, os Stones estavam acompanhados por The Ronettes, famosa banda de garotas americanas. Keith teria um breve caso amoroso com a vocalista do grupo, Ronnie Bennett, que na época estava numa relação com o produtor Phil Spector. Keith relata: "Tínhamos 20 anos e nos apaixonamos. Mas eram basicamente hormônios".

Foi com o terceiro single gravado para a Decca, cover de "Not Fade Away", de Buddy Holly, lado B de "Little By Little", canção original do grupo, que os Stones registraram seu primeiro sucesso nas paradas, chegando à terceira posição no final de fevereiro de 1964. O primeiro álbum com a Decca, intitulado com o nome do grupo e gravado na Inglaterra em 16 de abril de 1964, incluía covers revigorados de "I Just Want To Make Love To You", de Willie Dixon; "Route 66", de Bobby Troup; "Honest I Do", de Jimmy Reed; "Carol", de Chuck Berry; "I'm A King Bee", de Slim Harpo; e "Walking The Dog", de Rufus Thomas, além da primeira parceria original de Jagger e Richards,

12 Com o violão, vestindo um paletó de *tweed*.

14 Ainda bebê em Dartford, Inglaterra, em 1944.

18 Os Rolling Stones em Chelsea, Londres, em 1963. Da esquerda para a direita: Keith Richards, Bill Wyman, Mick Jagger, Brian Jones e Charlie Watts.

"Tell Me (You're Coming Back Again)". O álbum foi lançado nos Estados Unidos pela London Records em 30 de maio de 1964, com o nome de *England's Newest Hit Makers*.

Na primeira turnê nos Estados Unidos, em junho de 1964, os Stones visitaram os estúdios da Chess, em Chicago, onde se encontraram com Muddy Waters, ídolo da banda, e gravaram versões de "Time Is On My Side", de Jerry Ragovoy (sucesso regional na interpretação de Irma Thomas, rainha do soul de Nova Orleans), e "It's All Over Now", de Bobby Womack, que se tornaria o primeiro hit da banda no Reino Unido. Durante a turnê, apareceram em vários programas da TV americana, entre eles *The Hollywood Palace*, apresentado por Dean Martin, que em tom sarcástico comentou ao vivo sobre o cabelo longo dos rapazes. Mas os Stones não permitiram que os comentários ofensivos de Martin afetassem sua vigorosa performance de "Not Fade Away" e "I Just Want To Make Love To You". No famoso *The Mike Douglas Show*, em Cleveland, tocaram versões de "Carol", de Chuck Berry, "Not Fade Away", "Tell Me" e "I Just Want To Make Love To You", intercaladas por perguntas desrespeitosas feitas pelo apresentador.

De volta à Inglaterra, os Stones lançaram um novo single em 26 de junho – "It's All Over Now", lado B de "Good Times, Bad Times", canção original de Jagger-Richards, tocada no mesmo dia no programa *Ready, Steady, Go!* Em novembro, gravaram "Heart Of Stone", acompanhados pelos guitarristas John McLaughlin e Jimmy Page. Fizeram mais uma turnê pelo Reino Unido, de 5 de setembro a 11 de outubro. O segundo álbum da banda pela London Records, *12x5*, lançado em 17 de outubro, foi sucedido por uma segunda turnê pelos Estados Unidos (de 24 de outubro a 15 de novembro), na qual eles participaram pela primeira vez (em 25 de outubro) do programa *The Ed Sullivan Show*. Suas interpretações vibrantes de "Around And Around", de Chuck Berry, e "Time Is On My Side" levaram o público americano ao êxtase. Em 29 de outubro, no Santa Monica Civic Center, os Stones participaram do *Teen Age Music International* (*TAMI*) *Awards Show*, ao lado de Smokey Robinson and the Miracles, The Supremes, Marvin Gaye e James Brown. A interpretação que fizeram de "Around And Around", "Time Is On My Side", "It's All Over Now" e "I'm Alright" empolgou os fãs, embora as tentativas de Jagger de superar o "padrinho do soul" tenham fracassado. Comparados à movimentação afiada de Brown, que deslizava sobre uma só perna, abria espacates e fazia os famosos "passos de camelo" durante uma performance explosiva de "Night Train", os movimentos de Mick no palco não impressionavam.

Perto do final da segunda turnê da banda pelos Estados Unidos, em 1964, os Stones gravaram músicas nos estúdios da RCA, em Hollywood, e da Chess, em Chicago, e as incluíram em seu terceiro álbum, *Rolling Stones, Now!* (lançado nos Estados Unidos em 13 de fevereiro de 1965). O disco trazia covers de "Everybody Needs Somebody To Love", de Solomon Burke; "Down Home Girl", de Jerry Leiber; "Pain In My Heart", de Allen Toussaint; "Mona (I Need You Baby)", de Bo Diddley; "You Can't Catch Me", de Chuck Berry; e "Heart Of Stone" e "What A Shame", originais da dupla Jagger-Richards.

Rolling Stones, Now!, que preserva o estilo original da banda, também tinha interpretações espirituosas do hit boogie-woogie "Down The Road a Piece", de Amos Milburn, de 1946; e "Oh Baby (We Got a Good Thing Goin'

On)", principal hit R&B de Barbara Lynn. Na sequência, os Stones lançaram vários singles de sucesso no Reino Unido. O cover de "Little Red Rooster", de Willie Dixon (lado B de "Off The Hook", canção original de Jagger-Richards), chegou ao topo das paradas britânicas em 5 de dezembro de 1964. A agitada "The Last Time", da dupla Jaggers--Richards (no lado B, a sombria e ameaçadora "Play With Fire"), alcançou o primeiro lugar em março de 1965. E "(I Can't Get No) Satisfaction", embalada pela distorção do pedal *fuzztone*, chegou ao topo das paradas do Reino Unido em agosto de 1965, embora tenha sido lançada em junho nos Estados Unidos (foi lançada com atraso no Reino Unido porque se julgava, de início, que a letra da canção tinha elementos de excessiva conotação sexual).

"Satisfaction", que fazia parte do lançamento americano do álbum *Out Of Our Heads*, tornou-se o primeiro single dos Stones a alcançar o topo das paradas americanas (nos Estados Unidos, o lado B foi "The Under Assistant West Coast Promotion Man"; no Reino Unido, a escolhida foi "The Spider And The Fly"). Polêmica, com letra contundente e alusões à frustração sexual e à crescente mercantilização que eles testemunharam na América, a canção foi interpretada por Jagger com um tom de escárnio; tinha como base um riff de guitarra de três notas, melodioso e fácil de memorizar. A popularidade da música deu fama internacional aos Stones.

Olhando em retrospectiva, Richards avalia que o impacto de "Satisfaction" naquele momento talvez estivesse relacionado a uma mudança de hábitos americanos, e que a letra e a atmosfera da canção beberam na fonte do crescente desencanto da juventude com o "mundo adulto". Mas também pode ter sido apenas o riff contagiante de Keith (uma das raras vezes na carreira em que ele usou o pedal *fuzztone* na guitarra).

Antes disso, ainda em 1965, os Stones continuavam a "invasão" nos Estados Unidos com mais uma turnê e nova aparição no *Ed Sullivan Show* (no show de 2 de maio, incluíram interpretações de "The Last Time" e "Little Red Rooster", além de "Everybody Needs Somebody To Love" e uma faixa instrumental do álbum *12x5*: "2120 South Michigan Avenue", que era o endereço da Chess Records, onde eles gravaram a faixa). Três semanas depois (em 20 de maio), participaram do *Shindig!*, programa da rede ABC (da Costa Oeste) semelhante ao *Hullabaloo*, da NBC de Nova York. Os Stones não se limitaram a apresentar versões de "Little Red Rooster", "Play With Fire", "The Last Time" e "Satisfaction"; sentaram-se aos pés de seu herói, a lenda do blues Howlin' Wolf, encarando-o com admiração enquanto ele tocava "How Many More Years", com Billy Preston ao piano e James Burton na guitarra.

Os Stones percorreram novamente os Estados Unidos em novembro de 1965, na quarta turnê pelo país, com participação em programas de TV de grande audiência, incluindo uma aparição em *Shindig!*, durante a qual tocaram vigorosos covers de "Good Times", de Sam Cooke, e "Mercy Mercy", de Don Covay; uma semana depois, no *Hullabaloo*, tocaram "She Said Yeah" e "Get Off Of My Cloud", single que deu sequência ao hit "Satisfaction".

Amparados pelo sucesso de "Satisfaction" e "Get Off Of My Cloud", os Rolling Stones foram protagonistas da "invasão britânica" (com The Beatles, The Animals, The Kinks e The Dave Clark Five) que dominava o mundo. E o futuro reservava perspectivas ainda mais amplas para Keith e os demais rapazes.

22-23 Uma das primeiras campanhas publicitárias dos Rolling Stones, em Londres, em 1963. Da esquerda para a direita: Bill Wyman, Mick Jagger, Keith Richards (ligeiramente bêbado), Charlie Watts e Brian Jones.

24 e 25 O jovem Keith Richards (acima), c. 1963. No camarim do Royal Albert Hall, onde os Stones se apresentaram no evento The Great Pop Prom, na tarde de 15 de setembro de 1963 (à direita).

26 Com Brian Jones, compartilhando fraseados de guitarra nos bastidores.

27 Com Brian Jones, fazendo caretas nos bastidores do evento The Mod

28 Os Rolling Stones em apresentação em frente à Longleat House, residência do marquês de Bath, em 2 de agosto de 1964.

29 A banda diante do Hotel Astor, na Central Park West, Nova York, durante a primeira viagem que fizeram aos Estados Unidos, em 2 de junho de 1964.

KEITHRICHARDS

O GAROTO DE DARTFORD ENCONTRA SATISFAÇÃO O GAROTO DE DARTFORD ENCONTRA SATISFAÇÃO

WEMBLEY

30-31 Tumulto em The Glad Rag Ball, no Empire Pool, Wembley, Londres, em 20 de novembro de 1964.

31 Dando autógrafos em frente ao Ed Sullivan Theater, na Broadway, em 2 de junho de 1964.

KEITH RICHARDS

34-35 Na fase inicial de sua longa trajetória de fumante.

35 Relaxando durante uma turnê em Hamburgo, c. 1964.

36 Experimentando um terno na Beau Gentry, na North Vine Street, Hollywood, em 4 de junho de 1964.

37 Posando para fotos de terno novo na Beau Gentry, na North Vine Street, Hollywood, em 4 de junho de 1964.

38 Aos 21 anos de idade, c. 1965.

39 Tocando uma guitarra Vox Mark XII de doze cordas, no set do programa de TV *Ready Steady Go!*, Londres, em 26 de junho de 1965.

40 Com Mick Jagger no programa de TV *The Clay Cole Show*, em Nova York, em 2 de maio de 1965.

42-43 Em momento de repouso com seu violão, c. 1964-65.

MESMO MERGULHADA NO SOM AGRESSIVO DO BLUES E DO R&B, **A DUPLA JAGGER-RICHARDS** EVENTUALMENTE COMPUNHA UMA PÉROLA DELICADA COMO "AS TEARS GO BY".

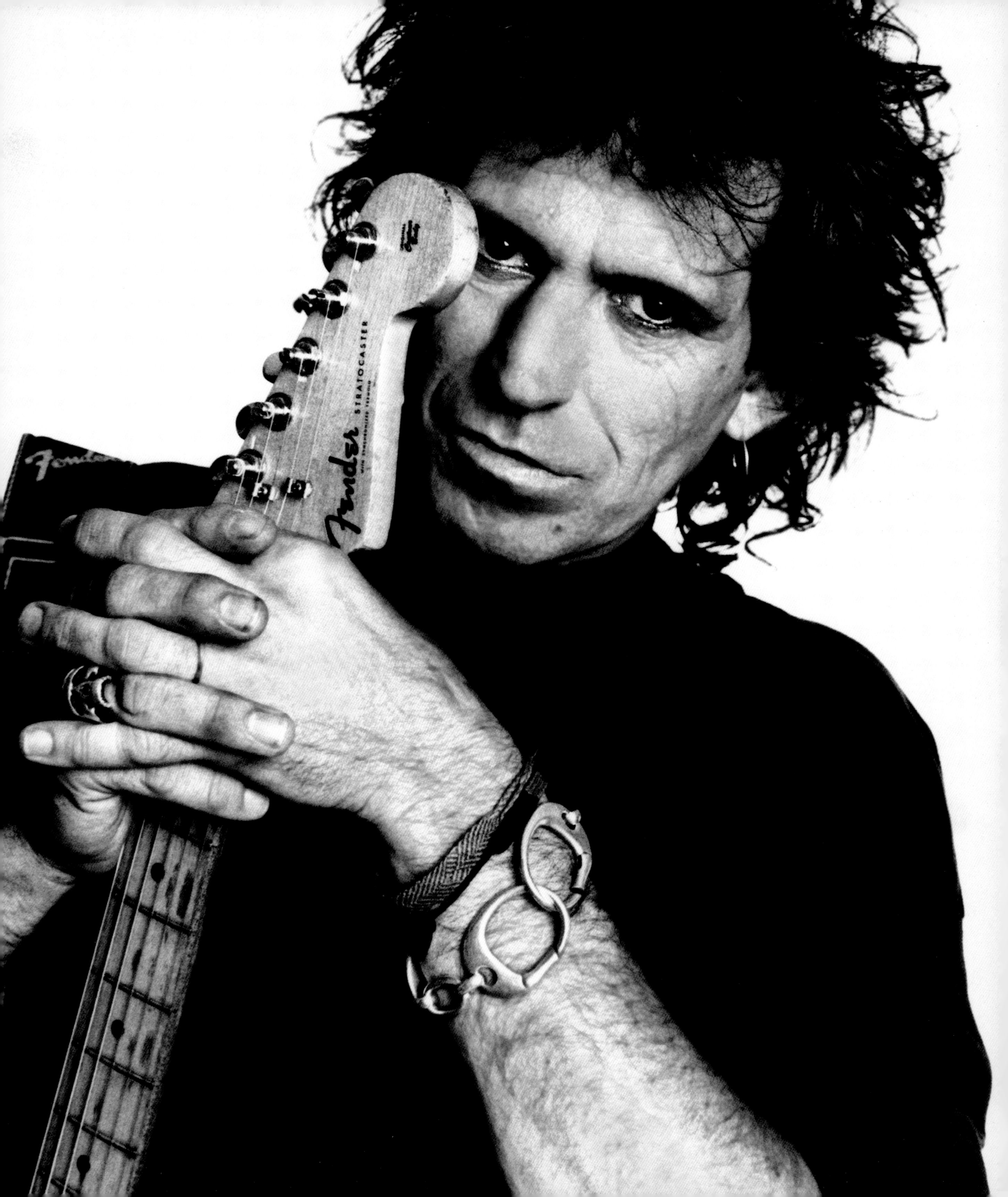
Fender
STRATOCASTER
Fender

Na estrada com os Stones

SUCESSO E ENCRENCAS PELO CAMINHO

O quinto álbum dos Rolling Stones, *December's Children (And Everybody's)*, lançado às pressas em dezembro de 1965, seguia a fórmula dos anteriores: metade eram músicas originais de Jagger-Richards; metade, covers escolhidos a dedo. Entre as canções originais, a notável "Get Off Of My Cloud", que já fizera sucesso como single em outubro de 1965, "Blue Turns To Grey", "The Singer Not The Song" e "I'm Free", que já fora o lado B de "Get Off Of My Cloud". E, por outro lado, covers fiéis de "Talkin' About You", de Chuck Berry; "You Better Move On", de Arthur Alexander; "Look What You've Done", de Muddy Waters; e "Route 66", de Bobby Troup, além de uma versão acelerada de "I'm Movin On", do astro country Hank Snow. O álbum incluía também uma versão de "As Tears Go By", canção que Jagger, Richards e Oldham compuseram em 1964 para Marianne Faithfull, que depois se envolveria num romance com Jagger. A emocionante versão dos Stones, com um sofisticado arranjo de cordas de Mike Leander, foi considerada pelos críticos como uma resposta a "Yesterday", de Paul McCartney, embora Jagger e Richards a tenham composto um ano antes, em parceria com o empresário/produtor Oldham. Um single de "As Tears Go By" foi lançado nos Estados Unidos em 18 de dezembro de 1965 (no lado B, "Gotta Get Away") e no Reino Unido em 4 de fevereiro de 1966 (como lado B do single seguinte da banda, o hit "19th Nervous Breakdown").

Com o lançamento do ousado *Aftermath*, sexto álbum da banda e o primeiro somente com canções originais, os Stones deram um gigantesco passo adiante. O produtor Andrew Loog Oldham já estimulava o grupo a distanciar-se de covers de músicas de artistas americanos de R&B e de blues e a focar-se em composições próprias. Então, a dupla Jagger-Richards produziu canções como "Doncha Bother Me" e "It's

Not Easy", que tinham elementos do estilo dos primeiros covers do grupo, ao lado de faixas mais intensas como "Stupid Girl", com arranjo de órgão, e a contundente "Flight 505", ambas dotadas de um ar proto-punk de desprezo que logo se tornaria emblemático dos Stones.

Nas demais músicas de *Aftermath*, lançado em abril no Reino Unido e em junho nos Estados Unidos, os Stones desafiavam os próprios limites com trabalhos experimentais, como "Paint It Black", em tom menor e com pitadas de raga indiano (sexto single da banda a alcançar o topo das paradas no Reino Unido, com Jones no sitar); "Lady Jane", delicada balada elisabetana que utiliza instrumentos como dulcimer e cravo; a contemplativa "I Am Waiting"; "Under My Thumb" (com Jones na marimba), que remete ao jazz; e "Goin' Home", uma jam de blues de onze minutos, em que a voz aspirada e teatral e os improvisos vocais de Jagger formam um groove de enorme sutileza, ainda que intenso.

No final de 1966, os Stones lançaram *Got Live If You Want It*, álbum de gravação precária, cuja sonoridade foi prejudicada ainda mais pelos berros constantes das adolescentes da plateia. Lançado por exigência contratual da distribuidora London Records, dos Estados Unidos, o disco é uma compilação de canções gravadas em turnê pelo Reino Unido em março de 1965. Por sua péssima qualidade de áudio, foi desdenhado pela crítica e praticamente renegado pelos integrantes da banda, embora os fãs tenham apreciado versões ao vivo de novos singles dos Stones, como "Have You Seen Your Mother, Baby, Standing In The Shadow?" e "Get Off Of My Cloud", ao lado de remakes de "(I Can't Get No) Satisfaction", "The Last Time", "19th Nervous Breakdown" (faixa com influências de Bo Diddley e que fora lançada como single, naquele ano, com "Sad Day" no lado B) e um cover eletrizante de "I've Been Loving You Too Long", de Otis Redding.

No final de 1966, os Stones estavam cansados das constantes turnês dos quatro anos anteriores. O repentino sucesso da banda começava a afetar Brian Jones, para quem o consumo de drogas só contribuiu para inflar o ego e a necessidade de bajulação. "Nunca vi ninguém tão afetado pela fama", afirmou Keith, que descreveu Jones como peso morto a ser carregado ao longo da extenuante turnê da banda.

Os Rolling Stones retomaram o caminho original com dois álbuns de estúdio, ecléticos, polêmicos, lançados em 1967: *Between The Buttons* e *Flowers*, discos que só despertaram a admiração dos fãs mais ardorosos. *Between The Buttons* (lançado em 20 de janeiro no Reino Unido e em 11 de fevereiro nos Estados Unidos) inclui faixas como "Let's Spend The Night Together", "Yesterday's Papers", a taciturna "Ruby

Tuesday" (com Jones na flauta doce) e a romântica "She Smiled Sweetly", todas revelando a sofisticação da dupla Jagger-Richards na composição de letras e de música. Enquanto isso, "Connection" e "Miss Amanda Jones" mantêm o vigor juvenil, rústico e arrasador do início da carreira. Na faixa que arremata o disco, "Something Happened To Me Yesterday", suposta alusão a uma viagem de LSD, Richards e Jagger se alternam nos vocais.

Em 15 de janeiro de 1967, a banda participou pela quinta vez do *Ed Sullivan Show*. Mick Jagger foi obrigado a alterar a letra de "Let's Spend The Night Together" para "Let's Spend Some Time Together", a fim de apaziguar a censura. O apresentador do programa dissera a Jagger: "Ou você altera a letra da música, ou pode ir embora". Jagger concordou com a mudança, mas, enquanto cantava o trecho em questão, era possível vê-lo revirar os olhos diante da câmera. O gesto de Mick deixou Sullivan furioso; e a banda não foi mais convidada para o programa.

Flowers, compilação produzida nos Estados Unidos e lançada em junho, durante o chamado Verão do Amor, era composta de singles previamente lançados e músicas não incluídas nas versões americanas de *Aftermath* e *Between The Buttons*. Ao lado de canções originais de Jagger-Richards, como "Back Street Girl", com levada de valsa europeia, "Please Go Home", faixa psicodélica ao estilo Bo Diddley, "Ride On, Baby" e "Sittin' On A Fence", canção acústica com clima dos Apalaches, o álbum trazia os sucessos "Mother's Little Helper" e "Have You Seen Your Mother, Baby, Standing In The Shadow?", além de um cover de "My Girl", de Smokey Robinson.

Em março de 1967, durante uma viagem de férias ao Marrocos, as relações pessoais entre os membros da banda começaram a mostrar desgaste. Brian Jones fora acompanhado de sua namorada – com quem estava havia quase dois anos –, a linda modelo italiana Anita Pallenberg; Jagger também levara a sua, a cantora Marianne Faithfull. No meio da viagem, Brian teve de ser internado em um hospital (em virtude de uma pneumonia), e Anita deixou o Marrocos com Richards. Logo depois, os dois acabaram se envolvendo e, a partir de então, ficaram juntos, o que foi um golpe duro para Brian. Como Anita estava submetida aos episódios de violência física que Brian constantemente protagonizava, ela viu Keith como um "salvador", além de amante. Nas palavras de Richards, "o relacionamento entre Brian e Anita tornou-se um impasse quando ela se recusou a abrir mão de trabalhos como atriz para desempenhar um papel doméstico qualquer, como gueixa, bajuladora ou saco de pancadas *full-time* – e o que mais ele pudesse imaginar, incluindo parceira em orgias, das quais Anita sempre esteve determinada a não participar".

À medida que seu relacionamento destrutivo com Anita chegava ao fim, Brian distanciava-se dos Rolling Stones. Primeiro, por causa da insistência de Andrew Loog Oldham em enfatizar em todos os álbuns o trabalho de composição da dupla Jagger-Richards. Em seguida, pela decisão de Oldham de fazer que, nos shows, o foco estivesse no carismático *frontman* da banda. A partir disso, Brian se mostrou cada vez mais antissocial e, por vezes, hostil, embora ainda contribuísse de modo decisivo nas gravações, com sua habilidade de multi-instrumentista.

Os Stones fecharam o ano de 1967 mergulhando de cabeça no nascente movimento hippie, com uma oferenda espalhafatosa e psicodélica, *Their Satanic Majesties Request*, o único disco da banda gravado sem a orientação de um produtor (Oldham deixou a banda antes do início das gravações, em fevereiro do mesmo ano). Na visão de alguns críticos, foi a resposta autocomplacente dos Stones ao álbum *Sgt. Pepper's Lonely Hearts Club Band*, dos Beatles. Até mesmo Jagger, quando relembra aquele período, considera que o projeto foi um fracasso. Mick declarou a Philip Dodd, no livro *According To The Rolling Stones*: "Tem muito lixo em *Satanic Majesties*. O tempo que tivemos foi excessivo, rolaram drogas demais, e não havia um produtor que nos dissesse 'Ok, basta, muito obrigado, mas podemos continuar com a música?' Qualquer um seria capaz de produzir um disco como esse em um estúdio. Era enrolação demais. É como acreditar que tudo o que você faz é genial, sem necessidade de edição".

Durante as gravações do álbum, os Stones lançaram, em 18 de agosto no Reino Unido e em 2 de setembro nos Estados Unidos, o single "We Love You" (no lado B, "Dandelion"). Esse foi o último trabalho de Andrew Loog Oldham como produtor dos Stones (o anúncio de sua saída foi feito em 20 de setembro). Trata-se de uma colagem psicodélica de sons gravados numa prisão, efeitos vocais com *delay* e harmonias agudas e sinistras produzidas pelos vocalistas convidados Paul McCartney e John Lennon. (Dois meses antes, Jagger e Richards participaram de uma versão filmada de "All You Need Is Love", dos Beatles, gravada nos estúdios da EMI em Londres.) "We Love You" foi composta por Jagger e Richards em resposta à prisão dos dois por porte de maconha, no dia 10 de maio. A música começa com sons de passos numa prisão, a porta da cela sendo fechada, e na sequência entra um riff intenso de piano, por Nicky Hopkins. A letra é declaradamente contra o sistema – "A gente não liga que vocês nos atormentem e nos prendam / Vocês nunca vão nos vencer; seus uniformes não servem na gente". A canção termina com um coro de trompas imerso em um típico clima marroquino, influência das visitas do grupo a Tânger.

O álbum foi lançado em dezembro de 1967. Com capa em 3D e a foto de Keith, Mick, Brian, Bill e Charlie vestidos de magos, chapeleiros malucos e trovadores da Renascença, sentados diante de um palácio místico, o disco ganhou destaque nas prateleiras. Porém, grande parte das faixas gravadas – a onírica "In Another Land", composta e cantada pelo baixista Bill Wyman, a hippie "Sing This All Together (See What Happens)", "2000 Light Years From Home", uma faixa cósmica e dançante, a etérea "Gomper" e a jocosa "On With The Show" – estava fora do padrão de qualidade da dupla Jagger-Richards. A única salvação do álbum era a graciosa "She's a Rainbow".

Embora esse disco autocomplacente tenha sido uma decepção, a banda retomaria a forma em 1968 com *Beggar's Banquet*, que contém obras-primas de Jagger-Richards, como "Street Fighting Man" e "Sympathy For The Devil", ao lado de canções originais e com clima de blues, como "No Expectations" (com Jones tocando uma pungente guitarra slide), a tradicional "Parachute Woman", a funky "Stray Cat Blues", "Dear Doctor" (em estilo country), o country blues de "Factory Girl" e "Salt Of The Earth", uma faixa empolgante em que Richards e Jagger se revezam nos vocais. Produzido por Jimmy Miller, que trabalhara na produção do Spencer Davis Group e do Traffic, o sétimo álbum de estúdio dos Stones foi gravado entre março e julho e lançado em 8 de dezembro de 1968 no Reino Unido (pela Decca) e nos Estados Unidos (pela London), um mês após o lançamento do *Álbum Branco*, dos Beatles.

Beggar's Banquet foi precedido pelo lançamento do single "Jumpin' Jack Flash" (no lado B, "Child Of The Moon"), mais um hit original e atemporal da dupla Jagger-Richards, que estaria no setlist dos shows dos Stones

nas quatro décadas seguintes. Keith descreveu o melodioso riff de guitarra que impulsiona "Jumpin' Jack Flash" como o avesso de "Satisfaction", embora fosse tocado em acordes em vez de em uma linha melódica de notas únicas. Também classificou a lendária canção da banda como antídoto à experiência da gravação de *Satanic Majesties*, em que o ácido exercera influência sobre os Stones. O primeiro álbum da banda que incluiu essa música foi uma compilação de 1969: *Through the Past, Darkly* (*Big Hits v. 2*), um ano após o lançamento do single. Posteriormente, ela foi incluída em vários álbuns ao longo dos anos.

Na gravação de "Jumpin' Jack Flash", Richards usou a afinação aberta em ré (havaiana) – DADF#AD –, que aprendera com Don Everly em uma turnê no início da carreira (em seus hits "Bye Bye Love" e "Wake Up Little Susie", os Everly Brothers usavam a afinação aberta em ré). A afinação aberta em sol com cinco cordas – marca registrada de Richards –, na qual ele retira a sexta corda e afina as outras cinco em GDGBD, foi usada em várias músicas dos Stones, como "Start Me Up", "Brown Sugar", "Tumblin' Dice" e "Honky Tonk Women". Em entrevista à *Guitar Player*, Keith disse ter descoberto a afinação em cinco cordas em 1969 e que tem usado essa técnica para produzir o som tão característico dos Stones. "A ideia de me livrar da sexta corda na afinação aberta era ter uma nota como raiz de tudo", revelou a Tom Wheeler, da *GP*, em 1983. "Você deixa essa nota vibrando e, com isso, obtém o efeito sonoro de dois acordes se interpondo. Enquanto um deles soa, você só precisa usar um dedo – ou dois, no máximo – para mudá-lo; e as outras cordas continuam vibrando. O som é poderoso."

Keith diz que a afinação aberta em sol com cinco cordas desvendou um universo novo para ele e o fez ter de reaprender a tocar guitarra. "Isso me deu uma energia nova", revelou Keith em seu site. "Abriu caminhos. Trouxe para mim novas possibilidades de fraseados e novas texturas."

Em 1968, Brian Jones havia perdido o rumo. Embora já no início da banda Keith tenha identificado em seu colega traços cruéis e manipuladores de comportamento, a total entrega de Brian ao álcool, ao LSD, ao haxixe e às anfetaminas só aumentou tais traços. Eles apareceriam em dezembro daquele ano no filme *The Rolling Stones' Rock And Roll Circus*, que também contava com a participação de The Who, Jethro Tull, Taj Mahal, John Lennon e Yoko Ono. Enquanto a banda tocava versões "sujas" e de levada punk de "Jumpin' Jack Flash", "Sympathy For The Devil" e "No Expectations", as imagens mostram Jones dopado. Suas contribuições à produção de *Let It Bleed*, álbum de 1969, foram mínimas: limitou-se a tocar cítara em "You Got The Silver" e percussão em "Midnight Rambler". Keith chamou aquilo de "um último sinal emitido num naufrágio".

Com comportamento cada vez mais instável – e uma trajetória marcada por alterações de humor, acidentes com motocicleta e várias condenações por porte de drogas, que o impediram de obter permissão de trabalho para co-

44 Keith Richards com sua Fender Stratocaster predileta, em 1988.

46 Mick Jagger no tambor e Keith Richards na guitarra, reunidos com colegas não identificados, durante sessão de gravações de *Beggar's Banquet*, em 1968.

50 Posando ao lado de Ronnie Wood e dos New Barbarians no Madison Square Garden, em Nova York, em 7 de maio de 1979.

meçar uma turnê pela América do Norte –, Brian foi basicamente forçado por Richards, Jagger e Watts, em 8 de junho de 1969, a deixar a banda que ele ajudara a criar em 1962. Menos de um mês depois, em 3 de julho, foi encontrado morto no fundo da piscina de sua casa em East Sussex (ele morava na Crotchford Farm, que pertencera a A. A. Milne, autor de *O Ursinho Pooh*). Brian morreu com apenas 27 anos.

O lugar de Jones na nova formação dos Rolling Stones foi ocupado pelo jovem Mick Taylor, ex-guitarrista de John Mayall & The Bluesbreakers. Ele fez sua primeira apresentação com a banda num concerto gratuito no Hyde Park de Londres, dois dias depois da morte de Brian Jones. Eles tocaram para cerca de 250 mil fãs, que puderam ouvir o recém-lançado single "Honky Tonk Women" ao vivo pela primeira vez. Sam Cutler, empresário dos Stones, os apresentou como "a maior banda de rock 'n' roll do mundo" – expressão que passou a denominá-los.

Em artigo de 1977 na revista *Guitar Player*, Richards faz uma análise da presença de Taylor na banda: "Aprendi muito com Mick Taylor, ele é um músico incrível. Durante o tempo em que esteve conosco, provavelmente se criou uma distinção nítida entre a guitarra rítmica e a guitarra principal, mais que em qualquer outra época dos Stones. O problema com músicos fluidos como Taylor é que é difícil mantê-los interessados. Eles ficam entediados – sobretudo num tipo de música restrita e limitada como o rock 'n' roll. Eis o grande fascínio do rock 'n' roll e do blues: a monotonia e as limitações de ambos, e até que ponto você consegue, a partir disso, criar algo novo".

Em 6 de dezembro de 1969, os Stones concluíram uma turnê de um mês pelos Estados Unidos com uma apresentação gratuita no Altamont Speedway, a leste de San Francisco, num concerto que ficou marcado por uma tragédia. A gangue de motociclistas Hells Angels foi contratada para fazer a segurança do show, e Meredith Hunter, espectador que estava perto do palco, foi esfaqueado e espancado até a morte quando membros do grupo perceberam que ele estava armado. O brutal confronto foi registrado em *Gimme Shelter*, documentário de Albert e David Maysles. Olhando em retrospecto, Keith considerou o triste episódio de Altamont como "o fim de um sonho... o clímax de uma comunidade hippie e do que pode acontecer quando as coisas dão errado".

Foi durante esse período altamente produtivo – embora conturbado – que Keith começou a afundar-se nas drogas, principalmente na heroína. E Anita – que dera à luz Marlon (batizado em homenagem a Marlon Brando) em 10 de agosto do mesmo ano, um mês depois da morte de seu ex-amante, Brian Jones – o acompanhava em seu voraz apetite pelas drogas, chegando a consumir três vezes por dia. Richards declarou à *Rolling Stone* em 1981 que "o problema com a heroína é que você perde o controle. As decisões deixam de ser suas. Você precisa dela, ela é tudo o que importa. 'Por quê? Porque eu gosto.' Ela tira de você o poder de decisão. Você passa pelos obstáculos mais incríveis para consegui-la e nem pensa a respeito. Pois ela é a prioridade, e só depois de consumir você pode voltar para casa e fazer o que precisa ser feito, como... viver. Isso se você conseguir. Levei mais ou menos dois anos para me viciar. Nos primeiros dois anos, eu me divertia com ela. É a maior sedução do mundo".

A triunfal turnê dos Stones pelos Estados Unidos em novembro de 1969, na qual os shows eram abertos por B. B. King e Ike e Tina Turner, foi registrada no disco ao vivo *Get Yer Ya-Yas Out!*, com solos excepcionais de

Taylor, particularmente em "Midnight Rambler", "Street Fighting Man" e uma eletrizante performance na guitarra slide em "Love In Vain", de Robert Johnson. Keith contribui com covers primorosos de Chuck Berry, como "Carol" e "Little Queenie".

Let It Bleed (lançado logo depois dessa turnê nos Estados Unidos, em 5 de dezembro de 1969) foi o último álbum dos Stones com a participação de Brian Jones e o primeiro gravado em estúdio com Mick Taylor. Rapidamente alcançou o topo das paradas, graças ao vigor de magníficas faixas originais como "Gimme Shelter", "Midnight Rambler" e a esplêndida "You Can't Always Get What You Want". Pela primeira vez, coube a Richards o vocal solo na comovente "You Got The Silver", enquanto Jagger ostentava seus dotes na ousada "Monkey Man". Havia uma intensidade na agitada "Live With Me", e elementos inteiramente novos eram apresentados em "Country Honk", um take acústico e country baseado em "Honky Tonk Women", com o violinista Byron Berline.

No dia 6 de abril de 1971, momento em que os contratos com o empresário Alan Klein e com a Decca/London Records já haviam expirado, a banda anunciou o lançamento de um selo próprio, a Rolling Stones Records, além de um contrato de distribuição com a Atlantic Records. Na sequência, os Stones lançaram dois álbuns (que conseguiram discos de platina), considerados por muitos como seus melhores trabalhos de todos os tempos. O primeiro foi *Sticky Fingers* (lançado em 23 de abril de 1971 no Reino Unido e em 30 de abril nos Estados Unidos). A ousada capa do álbum, criada por Andy Warhol, estampava o zíper de uma calça jeans sendo aberto e expondo a virilha de um homem. O disco contém algumas das melhores composições da dupla Jagger-Richards, incluindo o melodioso hit "Brown Sugar", que Keith atribui a Mick, e "Wild Horses", comovente balada em tom menor composta pelo guitarrista (ambas foram gravadas no famoso estúdio Muscle Shoals, em Sheffield, Alabama, durante a festejada turnê da banda pelos Estados Unidos, em 1969). Richards afirma que "Wild Horses", assim como "Satisfaction", "praticamente se compôs sozinha".

Sticky Fingers trazia outras canções notáveis da dupla Jagger-Richards, como "Can't You Hear Me Knocking" (com Mick Taylor solando na coda em clima de jazz da música); a agitada "Bitch"; "Sister Morphine" (um hino à overdose); "Dead Flowers", com sotaque country; e "You Got To Move", cover do blues do Mississípi de Fred McDowell.

Grande parte das gravações de *Exile On Main Street*, excelente álbum duplo e 12º disco de estúdio dos Stones, lançado nos Estados Unidos em 12 de maio de 1972, foi realizada em um mês (de 7 de junho a 5 de julho de 1971) no porão da mansão de Nellcôte, alugada por Keith Richards em Villefranche-sur-Mer, na Riviera Francesa. Foi um período em que os membros da banda se exilaram, fugindo dos impostos excessivos do Reino Unido. Daí o nome do disco. Ainda hoje, Richards considera *Exile* como "talvez nosso melhor trabalho".

Exile On Main Street inclui faixas intensas e viscerais de Jagger e Richards, como "Rip This Joint" e "Rocks Off", a magnífica "Tumblin' Dice", "Sweet Virginia", em estilo country, e "Happy", composta por Richards e interpretada por ele mesmo. Também fazem uma interpretação provocadora de "Shake Your Hips", canção boogie de Slim Harpo, além de um cover de "Stop Breaking Down", de Robert Johnson.

Keith estava em uma clínica de reabilitação em Vevey, na Suíça, quando nasceu sua filha, Dandelion Angela Richards, em 17 de abril de 1972. (A menina, para quem ele havia composto "Angie", acabou sendo criada em Dartford por Doris, mãe de Keith, já que os pais da criança viviam dopados.) O álbum *Goats Head Soup*, de 1973 (gravado em Kingston, Jamaica), foi considerado "decepcionante" pela crítica e pelos fãs, e *It's Only Rock 'n' Roll*, de 1974, estimulado pela poderosa faixa-título, foi classificado como o disco que "marcou o retorno" dos Stones.

Após a saída de Mick Taylor dos Rolling Stones, em dezembro de 1974, Ronnie Wood, ex-guitarrista do Jeff Beck Group e do Faces, juntou-se à banda para as gravações do álbum seguinte, *Black And Blue*, em março de 1975. Harvey Mandel, ex-guitarrista do Canned Heat, também participou das gravações. Richards declarou à *Guitar Player* numa entrevista em 1977: "Com a saída de Mick Taylor, ensaiamos cerca de seis meses com vários excelentes guitarristas, com os quais poderíamos muito bem ter trabalhado juntos. Mas, no momento em que Ronnie teve tempo disponível e, de repente, juntou-se a nós, pronto. Não havia dúvida. Foi fácil. Com Taylor, era difícil encontrar uma sonoridade para os Stones. Era muito mais uma questão de guitarra principal ou rítmica. Por mais fantástico que ele fosse, não era tão bom para criar o ritmo; então, acabamos assumindo papéis. Desde que Brian e eu começamos, nunca foi assim. Mas, no nível pessoal, é muito mais fácil que com Brian. Além disso, minha maneira de tocar e a de Ron são mais parecidas, e isso não é uma crítica a Mick, de maneira alguma – ele é um guitarrista fantástico. Mesmo que não fosse capaz de tocar nada direito, eu continuaria o adorando. Só que ele não tinha tanta flexibilidade na interação com o grupo. Era algo como 'você faz isso, eu faço aquilo, e não misturamos funções'. Com Ron, se ele deixa a palheta cair, posso seguir tocando a parte dele até ele conseguir apanhá-la, e ninguém vai perceber a diferença".

Wood ainda tocava no Faces quando se juntou aos Stones na Tour of the Americas 75, entre 1º de junho e 8 de agosto. A turnê, iniciada em Nova York com os Stones tocando sobre um caminhão aberto que atravessava as ruas da Broadway, contava com adereços de palco como um pênis inflável gigante e uma corda na qual Jagger se pendurava, deslizando sobre a plateia. Wood tornou-se oficialmente parte do grupo em dezembro de 1975.

Durante os decadentes meados dos anos 1970, os Stones adotaram uma estética de glamour, enquanto Mick ostentava sua sexualidade andrógina e Keith se entregava a drogas pesadas. Antes de cada turnê da banda pelos Estados Unidos, surgiam acusações de que a banda corrompia os jovens americanos e os incitava à rebelião. O Departamento de Estado rotulou-os como "a mais perigosa banda de rock 'n' roll do mundo", muito embora Richards considerasse a si mesmo e aos demais colegas "simples menestréis".

Entre 10 e 12 de janeiro, Keith foi julgado em Londres por posse de LSD e cocaína. Foi considerado culpado apenas por posse de cocaína, recebendo uma multa. Sua reação: "Por que eles não vão pegar no pé dos Sex Pistols?" Richards foi preso novamente, em Toronto, em 24 de fevereiro de 1977, por posse e tráfico de narcóticos. Da prisão até o julgamento, em outubro de 1978, passaram-se dezenove meses. Richards acabou absolvido da acusação que poderia ter lhe rendido alguns anos na cadeia. A heroína, a cocaína, o álcool, as mulheres, a violência e os pequenos atos de crueldade, a brincadeira com armas no camarim, os acidentes de carro, o abandono no meio das gravações para uma escapada para a Jamaica – tudo isso fazia parte do estilo rock 'n' roll nos anos 1970.

Foi por volta dessa época que o relacionamento com Anita Pallenberg começou a se desintegrar. As drogas tornaram-na paranoica, com ideias delirantes, impulsos de autodestruição e acessos de raiva, dirigidos a Keith ou a Marlon, filho do casal. Keith chegou a compará-la, naquele período, a Hitler. A situação era insustentável.

Depois da separação dos dois, Anita se apaixonou por Scott Cantrell, um garoto de 17 anos. Seguiu-se uma tragédia: o rapaz se suicidou enquanto brincava de roleta-russa na casa de Richards, que no momento estava em Paris. Anita foi inocentada das acusações de envolvimento na morte do rapaz, e, logo depois, ela e Marlon se mudaram para Nova York. Na nova vida, Anita envolveu-se por completo numa tresloucada cena *hipster* protagonizada por personalidades como os artistas Andy Warhol e Jean-Michel Basquiat, o *marchand* Robert Fraser, o romancista e poeta William Burroughs e bandas punk como Dead Boys e New York Dolls, que se reuniam no Mudd Club, no clube CBGB e no Max's Kansas City. Enquanto isso, os Stones continuavam na estrada, chegando a mais um disco de platina com *Some Girls*, de 1978 (que continha a punk "Shattered", a dançante "Respectable", a decadente "When The Whip Comes Down", a comovente "Beast Of Burden" e "Miss You", com uma levada disco e amparada pela gaita de Sugar Blue). Na sequência, o grupo lançou *Emotional Rescue*, com falsetes de Mick na faixa-título e vocais graves de Keith em sua composição "All About You". Em 1981, lançaram *Tattoo You*, em que o hiperpoderoso riff de guitarra de abertura em "Start Me Up" dá o clima do disco. Por sua vez, a tranquila "Waiting On A Friend" traz um solo de sax-tenor de Sonny Rollin, que conduz a banda por paisagens distintas.

Paralelamente a suas atividades habituais, Richards participou, em 1979, de um projeto chamado The New Barbarians, ao lado de Stanley Clarke, baixista do Return To Forever; Zigaboo Modeliste, baterista do The Meters; Ian McLagan, no piano e no órgão; Bobby Keys, músico acompanhante de longa data dos Stones (e que teve essencial participação em *Exile On Main Street*), no sax; e Ronnie Wood, parceiro dos Stones, na guitarra rítmica e na guitarra pedal steel. Coube a Ronnie o papel de *bandleader* nessa turnê, organizada para promover *Gimme Some Neck* (seu álbum solo de 1979, do qual Richards, Charlie Watts e Mick Taylor também participaram). A banda saiu em turnê pelos Estados Unidos entre 24 de abril e 22 de maio, tocando versões descontraídas e vigorosas das canções originais de Wood em *Gimme Some Neck*, como "Infekshun", "Buried Alive" e "F.U.C. Her", além de covers de "Sweet Little Rock 'n' Roller", de Chuck Berry, "Rock Me Baby", de B. B. King, "Seven Days", de Bob Dylan, e faixas dos Stones como "Honky Tonk Women" e Jumpin' Jack Flash". No show que fizeram em Chicago, Junior Wells, lenda do blues, tocou gaita e cantou em "Key To The Highway". Os New Barbarians fizeram ainda dois concertos beneficentes em Toronto, em cumprimento a um acordo judicial após o julgamento de Keith por posse de heroína, em 1978. Keith adorava tocar nos shows do New Barbarians. Livre da responsabilidade de estar em turnê com os Stones, ele se soltava e se deleitava em sua condição de músico *freelance*.

A partir de então, seu verdadeiro desafio (assim como de seu parceiro/oponente Mick) passou a ser manter os Rolling Stones juntos e, ao mesmo tempo, envelhecer bem durante as décadas de 1980, 1990 e dali em diante.

56-57 Os Rolling Stones posam para uma foto publicitária, c. 1965. Da esquerda para a direita: Bill Wyman, Charlie Watts, Mick Jagger, Keith Richards e Brian Jones.

58-59 Brian Jones, Mick Jagger e Keith Richards em viagem de trem durante turnê pela Europa, em 1965.

60 Keith é cercado por fãs no Aeroporto de Heathrow, em Londres, no auge da "invasão britânica", em 23 de junho de 1966.

61 Os Stones no auge da popularidade, em meados da década de 1960, durante preparação para uma turnê de um mês pelos Estados Unidos, em 23 de junho de 1966.

62-63 Ao lado de Brian Jones – que Richards considerava cruel, manipulador e com ego frágil –, no mais alto esplendor de sua ousada indumentária, durante coletiva de imprensa, em 1967.

BRIAN JONES

64 e 65 Assediados por fãs em Manchester, em 11 de março de 1965, depois das gravações do programa *Scene at 6:30*, da ITV.

66 e 67 Ao piano e durante uma pausa no New York Hilton, em 28 de outubro de 1965.

68 Fumando charuto num raro instante de pausa no set do filme *The Rolling Stones' Rock And Roll Circus*, nos Intertel Studios, em Stonebridge Park, em 11 de dezembro de 1968.

69 No set de *The Rolling Stones' Rock And Roll Circus*, em 11 de dezembro de 1968. Da esquerda para a direita: Pete Townshend, John Lennon, Yoko Ono, Keith Richards, Charlie Watts, Mick Jagger, Brian Jones, Bill Wyman e Eric Clapton.

70 Os Rolling Stones no Kensington Gore Hotel, em Londres, posando para uma campanha publicitária do álbum *Beggar's Banquet*, em 5 de dezembro de 1968.

APÓS O LANÇAMENTO DO AUTOCOMPLACENTE *THEIR SATANIC MAJESTIES REQUEST*, **OS ROLLING STONES RECUPERARIAM** A FORMA COM *BEGGAR'S BANQUET*, ÁLBUM DE 1968 QUE TROUXE **OBRAS-PRIMAS DE JAGGER-RICHARDS,** COMO "STREET FIGHTING MAN" E "SYMPATHY FOR THE DEVIL".

72 Anita Pallenberg, modelo e atriz italiana de admirável beleza, e o companheiro, Keith Richards, em casa, em dezembro de 1969.

73 Em casa com Anita Pallenberg, em

74-75 Anita e Keith com Marlon, o filho recém-nascido, em frente ao King's College Hospital, em Dulwich, Londres, em 10 de agosto de 1969.

76 O Rolling Stone Keith Richards

TENDO CRESCIDO AO SOM DOS RIFFS DE CHUCK BERRY E DOS RITMOS DE BO DIDDLEY, **RICHARDS TENTAVA IMITAR OS MÚSICOS DO R&B E DO BLUES QUE O INFLUENCIARAM** ANTES DE ENCONTRAR SEU PRÓPRIO ESTILO COMO COMPOSITOR.

wem

78 Em ensaio com sua fiel guitarra Gibson Les Paul Custom, antes de um show no Saville Theatre, em Londres, em 15 de dezembro de 1969.

79 Com Mick, no estúdio, em junho de 1969.

80 No jato particular dos Stones, jogan

Coke

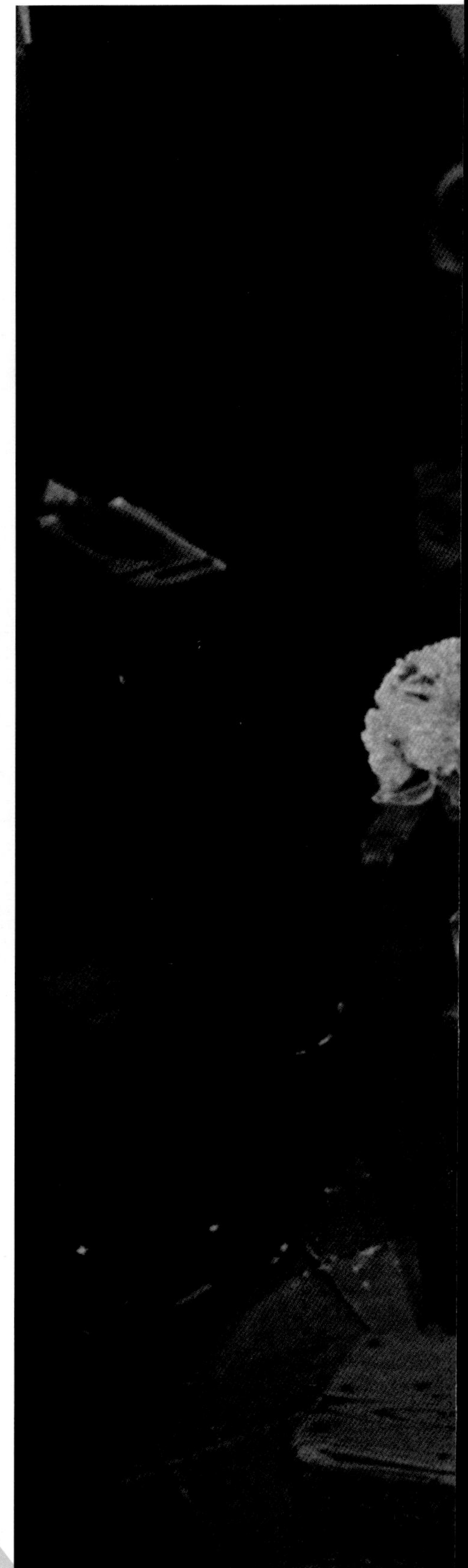

82 e 82-83 Com Anita Pallenberg e os filhos pequenos, Marlon e Angela, c. 1974 (acima) e dois anos depois (em 1976, à direita).

84 No Aeroporto de Heathrow, recebido por Anita Pallenberg e Marlon, então com 4 meses, em dezembro de 1969.

85 Com o filho Marlon, no Aeroporto Schiphol, em Amsterdã, em outubro de 1970.

86 Com o filho Marlon no colo durante pausa no trabalho com os Stones, em março de 1971.

86-87 Com Marlon no colo, seguido por Anita Pallenberg, no hotel em que se hospedaram em Newcastle upon Tyne, em março de 1971.

BRIDGES

88 Com o filho Marlon em sua *villa* de Nellcôte, mansão do século 19 com quartos à beira-mar em Villefranche--sur-Mer, Cote d'Azur, onde a banda gravou o álbum *Exile On Main Street*, abril de 1971.

89 Durante pausa nas gravações de *Exile on Main Street*, no quintal da mansão na Cote d'Azur, brincando com Anita e Marlon, em abril de 1971.

m o filho Marlon nos braços, du- passagem de som na Empire em Wembley, Londres, em se- de 1973.

90-91 Tocando bateria durante passagem de som, acompanhado do filho Marlon, na Empire Pool, em Wembley, Londres, em setembro de 1973.

92 Em entrevista na Atlantic Records, Londres, em agosto de 1974.

93 Fazendo pose para um retrato, c. 1974.

94 e 95 Em entrevista na Atlantic Records, Londres, em 1974.

96 Afinando uma nova guitarra Fender Telecaster para passagem de som durante turnê dos Rolling Stones nos Estados Unidos, em 1975.

97 No camarim com sua estimada guitarra Fender Telecaster Blonde (repare no capotraste na sexta casa), em 1975.

98-99 Em 1980, relaxando no bar com Jack Daniel's *on the rocks*, sua bebida predileta.

99 Em turnê com os New Barbarians, em 1979, e sua parceira de todos os momentos, uma garrafa de Jack Daniel's.

TICKETS
Old Time
Charcoal Mellowed
Tennessee Whiskey

GOLD MEDAILLE
1904
1905
1913
BOTTLED AT THE DISTILLERY

100 Pose para foto no norte do estado de Nova York, logo após ser preso em Toronto por posse de heroína, em 1978.

101 Em sua luxuosa *villa* de Nellcôte, Villefranche-sur-Mer, perto de Nice, onde os Rolling Stones gravaram *Exile On Main Street*.

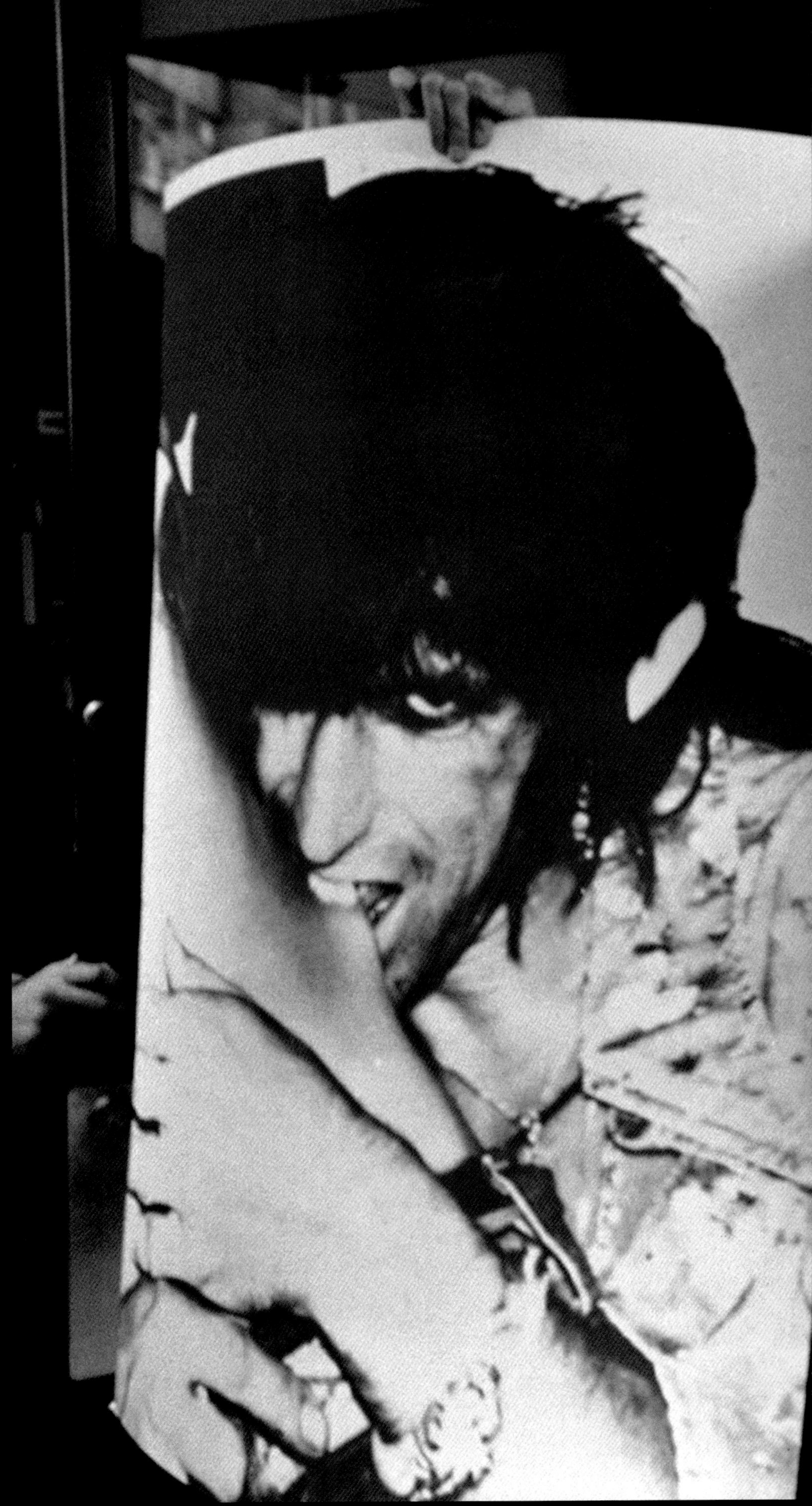

102-103 Os Rolling Stones (sem Keith Richards) no Marquee Club de Londres, no lançamento de *Love You Live*, em 1977.

RATS
RATS

104 Com Ronnie Wood, ex-guitarrista do Faces, que se juntou aos Stones em 1975, curtindo uma jam no camarim, momentos antes de entrar em cena.

105 Turnê em 1979, com os New Barbarians (da esquerda para a direita: Ronnie Wood, o baterista Zigaboo Modeliste, o tecladista Ian McLagan, o baixista Stanley Clarke e Keith Richards).

106-107 Com Ronnie Wood, relaxando num jatinho, em 1979.

Marlboro

108-109 O saxofonista Bobby Keys (à esquerda), Keith Richards e Ronnie Wood em show dos New Barbarians em Madison, Wisconsin, em 1º de janeiro de 1979.

109 Com Ronnie Wood no filme *The Rolling Stones: Let's Spend The Night Together*, de Hal Ashby, que registra a turnê da banda pelos Estados Unidos, em 1981.

110 Tocando em apresentação no Oshawa Civic Auditorium, em Toronto, Canadá, c. 1979.

111 No palco com os New Barbarians, no Madison Square Garden, em Nova York, em 7 de maio de 1979.

OS RIFFS DE GUITARRA DIRETOS, INCISIVOS E INOVADORES DE KEITH FORAM A MARCA DE CANÇÕES ICÔNICAS DOS STONES.

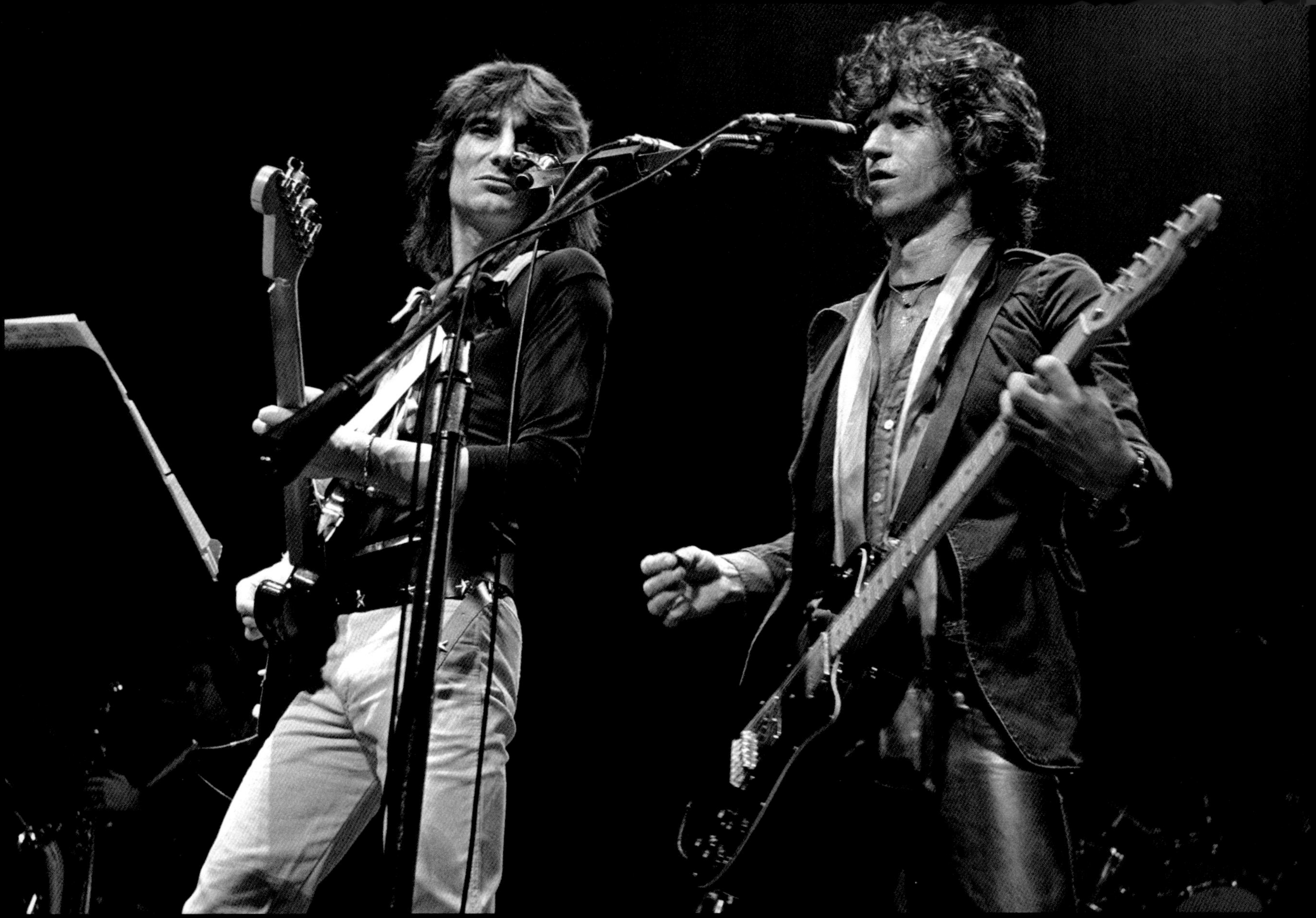

112 No palco do Oshawa Civic Auditorium, em Toronto, Canadá, com Mick Jagger, em show beneficente após ter sido preso por porte de drogas, em 22 de abril de 1979.

113 Ao lado de Ronnie Wood em show dos New Barbarians – banda formada por Wood na qual tocavam o baixista Stanley Clarke, o tecladista Ian McLagan e o baterista Zigaboo Modeliste –, no Madison Square Garden, em Nova York, em 7 de maio de 1979.

114-115 Show dos New Barbarians no Madison Square Garden, em Nova York, em 7 de maio de 1979.

116 Keith durante apresentação dos New Barbarians, em 1979.

117 Tocando uma guitarra Travis Bean com os New Barbarians, em 1979.

ND WILLIE McTEL

Uma vida dedicada ao rock 'n' roll

DEPOIS DE TANTOS ANOS, AINDA NOS RIFFS

Foi no Dia de S. Patrick, em 17 de março de 1979, que Keith viu a modelo Patti Hansen pela primeira vez. Ele havia ido à casa noturna Studio 54, em Nova York, ao que tudo indica para evitar Britt Ekland, atriz sueca, ex-Bond girl e ex-namorada de Rod Stewart, que supostamente tinha uma fixação pelo guitarrista dos Stones e o perseguia pela cidade. Achando que o Studio 54 era o lugar com menos chances de ser encontrado, Keith foi para lá com John Phillips, fundador do The Mamas & The Papas (seu parceiro no consumo de drogas). Na pista de dança estava Patti, que naquela noite por acaso celebrava com os amigos seu 23º aniversário. Na época, ela estava no auge da fama, aparecendo nas capas de revistas como *Vogue, Esquire* e *Harper's Bazaar*. Na campanha publicitária dos jeans da Calvin Klein, seu rosto foi estampado num outdoor de parar o trânsito, na Times Square, anúncio que Keith sem dúvida já vira inúmeras vezes.

Sucessora das modelos Cheryl Tiegs e Farah Fawcett, Patti seria posteriormente considerada "a Marilyn Monroe dos anos 1980" por ninguém menos que Francesco Scavullo, renomado fotógrafo de moda. E, embora ela certamente soubesse da existência dos Rolling Stones, era bem provável que não distinguisse Keith Richards de Keith Moon. Mas Keith ficou hipnotizado por ela, e a imagem de Patti dançando de modo frenético, com os cabelos esvoaçantes, não lhe saiu da mente durante os oito meses seguintes, até que eles se reencontraram na comemoração do 36º aniversário dele no dia 18 de dezembro, na Roxy Roller Disco, em Nova York. Jane Rose, empresária de Keith, acompanhava a trajetória de Patti nas revistas de moda ao longo do ano e fez questão de convidá-la formalmente para a festa. Ali, no Roxy, foram plantadas as sementes do romance entre os dois.

Em janeiro de 1980, Richards registrou em seu diário: "Parece incrível, mas encontrei uma mulher. Milagre! Uma transa eu consigo com um simples estalar de dedos, mas encontrei uma mulher! Inacreditavelmente, ela é o espécime mais lindo (fisicamente) do PLANETA. E isso não é tudo. Certamente ajuda, mas é sua cabeça, sua alegria de viver, e ela (possivelmente) acha que este *junkie* acabado é o homem que ela ama. Me sinto nas nuvens e estou me mijando de medo. Ela adora soul e reggae; na verdade, adora tudo. Gravo fitas com música para essa mulher, o que é quase tão bom quanto estar ao lado dela. Envio-lhe cartas de amor. Estou chegando aos 40 anos e estou completamente enfeitiçado".

A partir de então, Keith começou a dar em cima de Patti. Passou a levá-la a boates, aos shows das bandas prediletas dele ou até o Harlem, em busca de discos raros de blues e de R&B. Enviava cartas de amor e desenhos feitos com o próprio sangue. Para ela, essa espontaneidade era estimulante. Em março de 1980, Keith se mudou para o apartamento de Patti, em Greenwich Village. Naquele ano, o relacionamento já estava forte o suficiente para sobreviver a uma desastrosa celebração do Dia de Ação de Graças na casa dos pais dela, em Staten Island (Keith apareceu bêbado, com uma garrafa de Jack Daniel's e seu violão, que ele arrebentou na mesa de jantar, durante um acesso de raiva). O casal conseguiu superar altos e baixos e dolorosas separações – invariavelmente, ele saía em turnê com os Stones, enquanto ela volta e meia se envolvia com um projeto de filme que exigia sua saída da cidade.

O recente relacionamento entre Keith e Patti estava em alta, mas a parceria de Keith Richards com Mick Jagger começava a apresentar sinais de desgaste. O saxofonista Bobby Keys, que tocou no álbum *Emotional Rescue*, de 1980, comentou: "Parecia que naquelas sessões de gravação Keith e Mick estavam mais afastados. Quando estavam todos juntos, não era a mesma *vibe* que existia na época de *Exile On Main Street*".

Foi em Paris, enquanto trabalhava nas gravações de *Emotional Rescue*, nos estúdios da Pathé Marconi, que Keith finalmente se deu conta de que se livrara da heroína. Ele tinha sido presenteado com uma sacola com heroína durante um jantar e a jogou fora, na rua, no caminho de volta para o hotel. "Foi ali que percebi que eu não era mais um viciado", relatou em *Vida*, sua autobiografia. "Embora eu não consumisse mais havia dois ou três anos, ter feito aquilo significava que eu não estava mais sob o domínio dela."

Em 1981, Mick e Keith fizeram muitas reuniões sobre as possíveis maneiras de lidar com as diferenças entre eles e fazer os Stones voltarem ao trabalho. Em agosto, um mês antes da turnê de divulgação de *Tatoo You* pelos Estados Unidos, a banda se reuniu para conversar sobre a nova turnê e também para alertar Ron Wood sobre seu consumo de cocaína, que deveria ter limites caso ele quisesse se juntar ao grupo. A turnê foi um estrondoso sucesso, culminando num show em Hampton, Virgínia, no dia 18 de dezembro, aniversário de 38 anos de Keith. Na sequência, cada um dos Stones seguiu caminho próprio – Mick, Charlie Watts e Bill Wyman voaram para a França; Keith e Ron Wood voltaram para a Inglaterra.

Em fevereiro de 1982, Keith passou um tempo em Los Angeles com o comediante John Belushi, algumas semanas antes da trágica morte do lendário participante dos programas *Saturday Night Live* e *Animal House* por overdose de *speedball* (poderosa mistura de heroína, cocaína e metanfetamina), no famoso Chateau Marmont, em Los Angeles. Em maio, os Stones voltaram a ensaiar, durante um mês, para a turnê de 1982 pela Europa, que teve início em 2 de junho e terminou em 25 de julho, véspera do aniversário de 39 anos de Mick. Naquele mesmo ano, Mick e Keith se encontraram em Paris para trabalhar nas versões demo de *Undercover* (primeiro álbum dos Stones a ser distribuído pela CBS Records). Porém, ao longo das sessões, as desavenças entre eles se acentuaram. De acordo com Keith, Mick assumira um comportamento insuportável, muito controlador, dando aos demais membros da banda a sensação de que eram funcionários, e não músicos em posição de igualdade. Como declarou Richards à época: "Para Mick, a banda estava dividida entre *ele* e *os outros*".

Segundo Keith, as sessões de gravação de *Undercover* transcorreram em clima tenso e hostil, com o mínimo de diálogos e eventuais bate-bocas. O disco reflete também a desproporcional influência de Jagger na dupla de compositores Jagger-Richards, particularmente em músicas como a faixa-título (de teor político) "Tie You Up (The Pain Of Love)", "Too Much Blood" e "She Was Hot". Mas Richards elogia as contribuições do parceiro. Ele chegou a dizer, na época, "que Mick fez um trabalho incrível. Quanto às letras, acho que neste disco ele deu um passo gigantesco".

Paralelamente à "bolha" Stones, Keith estava apaixonado por Patti Hansen. Em dezembro de 1983, eles completaram quatro anos juntos. Buscando oficializar o relacionamento, eles se casaram no aniversário de 40 anos dele (18 de dezembro de 1983). A cerimônia foi em Cabo San Lucas, no México, e Mick foi padrinho de Keith. Poucos anos depois, eles começaram a formar uma família: Theodora nasceu em 1985, e Alexandra, em 1986.

Após o lançamento do fragmentado *Undercover*, Jagger deixou os Stones em 1984 e se voltou para um disco solo, *She's The Boss*, que continha uma canção da dupla Jagger-Richards, "Lonely At The Top", embora o próprio Richards não tenha tocado guitarra no disco (que contou com as competentes participações de Jeff Beck, Pete Townshend e Carlos Alomar). Para Keith, os Stones deveriam ser prioridade, de modo que os planos de Mick de seguir carreira solo não o agradaram. Além disso, à revelia dos demais membros dos Stones, Jagger assinou um contrato multimilionário com a CBS para a produção de três discos solo. Keith considerou a atitude como falta de compromisso e disse aos colegas de banda que se sentiu traído.

Dali em diante, os atritos entre os dois amigos – que usavam o pseudônimo de "Glimmer Twins" como coprodutores dos álbuns dos Stones – só cresceram. A tranquilidade dos tempos em que iam a lojas em Londres em busca de discos raros de blues fazia parte do passado. Eles chegaram ao ponto de manter relações estritamente profissionais – algo de que Keith se arrependia e falava da saudade que sentia de seu velho amigo. No entanto, Keith e Mick continuavam trabalhando duro, explorando o potencial da parceria iniciada nos anos 1960. Em janeiro de 1985, tentaram reavivar a magia no álbum *Dirty Work*. Mas ainda havia marcas do conflito. Mick estava concluindo seu disco solo *She's The Boss*, e a gravação acabou atrasando, o que contribuiu para irritar ainda mais Keith. Como era de esperar, as sessões de gravação de *Dirty Work* tinham uma atmosfera negativa.

O álbum foi lançado em março de 1986, com apenas três músicas da dupla Jagger-Richards ("Hold Back", "Winning Ugly" e "Sleep Tonight"), o menor número de parcerias desde *Out Of Our Heads*, de 1965. Na época, Keith disse que "pelo menos metade do disco terá canções de Jagger-Richards-Wood. Especialmente porque Mick estava muito ocupado com seu trabalho solo". Ron Wood acrescentou: "Como a parceria de Mick e Keith estava em baixa, eles aceitaram minhas músicas numa boa".

Quando Mick Jagger se recusou a sair em turnê para a promoção de *Dirty Work*, alegando que queria dar continuidade à carreira solo, Richards ficou enfurecido. "É idiotice não sair em turnê", declarou à época. "Temos um ótimo disco! É a atitude mais estúpida do mundo não o promover. Gastamos um ano trabalhando intensamente na produção. Por que jogar tudo isso para o alto?"

NA ÉPOCA, UM REPÓRTER PERGUNTOU A RICHARDS: **"QUANDO VOCÊS VÃO PARAR DE SOLTAR OS CACHORROS UM EM CIMA DO OUTRO?"** A RESPOSTA FOI: "PERGUNTE À CADELA".

Quando Mick Jagger declarou a um tabloide inglês que os Rolling Stones eram um fardo que ele carregava, os atritos entre a dupla chegaram a um ponto que Keith classificou de "Terceira Guerra Mundial". Para ele, a traição imperdoável se deu em março de 1987, no momento em que Mick anunciou ao grupo que sairia em turnê para divulgar seu segundo disco solo, *Primitive Cool*. Foi como um tapa na cara de Keith, que ficou furioso – o que só fez aumentar a especulação de que os Stones estavam, de fato, chegando ao fim. Na época, um repórter perguntou a Richards: "Quando vocês vão parar de soltar os cachorros um em cima do outro?" A resposta foi: "Pergunte à cadela".

Em 16 de outubro de 1986, Keith participou de dois concertos de gala no Fox Theater, em St. Louis, na celebração do 60º aniversário de Chuck Berry. O show foi filmado (com cenas reveladoras no camarim) e lançado no ano seguinte como o documentário *Hail! Hail! Rock 'n' Roll*, de Taylor Hackford. Nessa apresentação, o baterista foi Steve Jordan, com quem Richards trabalhou naquele mesmo ano na gravação de "Jumpin' Jack Flash" feita por Aretha Franklin para a trilha sonora do filme *Salve-me quem puder*, com Whoopi Goldberg, lançado em outubro de 1986. A intenção de Keith era que Charlie Watts tocasse bateria nessa homenagem a Chuck Berry, mas na época o baterista dos Stones estava em uma luta contra as drogas. Richards o substituiu por Jordan, que acabou se revelando o contraste perfeito para a sensibilidade rítmica de Keith.

Ainda impactado com o afastamento de Mick, que ele considerava como uma deserção dos Stones, Keith reagiu iniciando os trabalhos em seu próprio disco solo, no verão de 1987 – mesma época em que Jagger saiu em turnê com sua banda. Ao lado de Jordan, que se tornou seu novo parceiro de composição, Keith começou a trabalhar nas demos no início de abril. Em julho, assinou contrato com a Virgin Records. *Primitive Cool*, de Jagger, foi lançado em 11 de setembro, mais ou menos na mesma época em que Keith começou a gravar as faixas de *Talk Is Cheap*, no Le Studio, em Montreal.

O primeiro trabalho solo de Keith foi lançado em 3 de outubro de 1987 e teve boas críticas. Ao lado de músicas vigorosas e enxutas, como o típico rock setentista "Take It So Hard" (carro-chefe do disco), "Whip It Up", "Big Enough", "Make No Mistake" (com um toque de Al Green) e a emocionante "Locked Away", o álbum *Talk Is Cheap* trazia "You Don't Move Me", cuja letra era uma referência dissimulada ao parceiro Mick.

No início de novembro de 1987, Keith começou a ensaiar com a X-Pensive Winos, banda formada pelo baterista Steve Jordan, pelo guitarrista Waddy Wachtel, pelo saxofonista Bobby Keys (que teve papel fundamental em *Exile On Main Street*), pelo tecladista Ivan Neville e pelo baixista Charley Drayton. A turnê de divulgação de *Talk Is Cheap* teve início em 24 de novembro, no Fox Theater de Atlanta, onde Richards se apresentara um ano antes ao

118 Eterno fã de blues, em pose com um disco de Blind Willie Mc Tell, c. 2000.

120 Foto de estúdio de Keith Richards aos 59 anos, c. 2002.

124 Posando num estúdio fotográfico, c. 1981.

lado de Chuck Berry, no show/documentário *Hail! Hail! Rock 'n' Roll*. A primeira turnê solo de Richards terminou em 17 de dezembro, na Brendan Byrne Arena, em East Rutherford, Nova Jersey, deixando no ar a dúvida sobre o retorno dos Rolling Stones.

"Mick e eu ainda estamos testando um ao outro. Mas eu o adoro. Gosto muito de trabalhar com ele. Algumas coisas que ele fez no passado me incomodaram, mas isso é natural. Amigos de verdade são aqueles que se apoiam, certo? Caso contrário, é apenas um conhecido, não um amigo. Mick e eu estamos um pouco além do estágio de simplesmente nos insultarmos. Não se trata, apenas, de dois *superstars* ricos satisfazendo o ego. Estamos tentando descobrir um ao outro. E acho que, a essa altura, Mick provavelmente está se dando conta de que ele realmente precisa dos Rolling Stones mais do que os Rolling Stones precisam dele."

Em 18 de janeiro de 1988, os Rolling Stones entraram para o Rock 'n' Roll Hall of Fame, em cerimônia realizada no Waldorf-Astoria Hotel, em Manhattan. Foi a primeira aparição da banda em público desde o início de 1986. No show de encerramento do evento, juntaram-se à banda (que não contou com Bill Wyman nem Charlie Watts) Stevie Wonder, Tina Turner, Little Richard, The Temptations e Pete Townshend, todos para tocar "Satisfaction", "Honky Tonk Women" e "Start Me Up".

Comprometidos a recomeçar os trabalhos com os Stones, Mick e Keith se encontraram em Barbados, em meados de janeiro de 1988, para tratar da gravação do primeiro álbum da banda depois de um intervalo de cinco anos. Em março, com Charlie Watts, Bill Wyman e Ron Wood, começaram a trabalhar sobre as demos do material novo, que resultaria em *Steel Wheels*. As gravações tiveram início nos Air Studios, em Montserrat, em 31 de março, e foram até 2 de maio. Em meados de junho, Keith, Mick e Ron Wood viajaram a Tânger para gravar a faixa "Continental Drift" com os Mestres Músicos de Jajouka.

De modo geral, *Steel Wheels* teve boa receptividade da crítica. Anthony DeCurtis, da revista *Rolling Stone*, escreveu: "Não há nada que possa dar mais energia a ícones dos anos 1960 que a necessidade de ter algo a provar. Nos últimos anos, a reverência devotada aos Rolling Stones e a Bob Dylan esteve debilitada. Os dois últimos discos dos Stones, *Undercover* e *Dirty Work* – sem falar dos trabalhos solo de Mick Jagger –, oscilaram entre o ruim e o banal, e os mordazes ataques públicos de Keith Richards a Jagger levavam a crer que a dupla não produziria mais nada. Agora, em demonstrações de paixão pelo passado, os Stones e Dylan apresentam álbuns que dão sinais de renovação e de novos objetivos. *Steel Wheels* detona, com uma energia que confere uma perspectiva sedutora à turnê dos Stones pela América do Norte".

Os Stones encerraram a turnê mundial (de um ano de duração) de *Steel Wheels* em 24 de agosto de 1990, com dois shows no Estádio de Wembley, em Londres, que se transformaram em um filme em IMAX (*At The Max,* lançado mundialmente em 25 de outubro daquele ano). Esses shows marcaram as últimas performances de Bill Wyman com os Rolling Stones. Na época, Richards comentou: "Eu sempre disse que ninguém larga a banda, a menos que seja dentro de um caixão. Mas ele tomou uma decisão... Às vezes, a pessoa esgota suas energias".

Em 1991, Keith participou de discos de John Lee Hooker (*Mr. Lucky*), Tom Waits (*Bone Machine*) e Johnnie Johnson (*Johnnie B. Bad*). Em março de 1992, começou a trabalhar em seu segundo disco solo. As gravações com o X-Pensive Winos continuaram durante o verão. No lançamento, em 20 de outubro, *Main Offender* foi aclamado pela crítica como centrado e despojado, tanto quanto *Talk Is Cheap*, com takes de rock 'n' roll fortes e melodiosos como "Wicked As It Seems", "Eileen", "Bodytalks", "Will But You Won't" e a cáustica "999". Em novembro, a X-Pensive Winos fez sua primeira turnê pela Europa.

Em abril de 1993, Jagger e Richards voltaram a se encontrar no local de sempre, em Barbados, para trabalhar no novo álbum dos Stones. A essa altura, os "Glimmer Twins" já tinham aprendido a conviver com as diferenças, tal qual um velho casal. Mas a centelha criativa dos dois ainda era evidente. O trabalho nas demos do novo projeto dos Stones começou em maio. Em junho, Mick e Keith iniciaram testes com baixistas, nos S.I.R. Studios, em Nova York, para ocupar a vaga deixada por Bill Wyman (acabaram contratando Darryl Jones, ex-baixista de Miles Davis e de Sting). Já com a formação completa, ensaiaram durante todo o mês de julho, no estúdio particular de Ron Wood, na Irlanda. As gravações começaram no início de setembro e continuaram de modo intermitente até dezembro, em Londres e em Dublin (à época do aniversário de 50 anos de Keith), sob a produção de Don Was (do grupo Was Not Was).

As sessões de *overdubbing* e mixagem continuaram até março, e *Voodoo Lounge*, novo álbum da banda em quase cinco anos, foi lançado em 11 de julho de 1994. O conteúdo foi classificado como rock 'n' roll agressivo e de raiz, semelhante ao de *Beggar's Banquet*. A crítica deu destaque a canções originais de Jagger-Richards, como "You Got Me Rocking", "I Go Wild", "Sparks Will Fly", a intensa "Mean Disposition" e a "Blinded By Rainbows", um country. Numa das raras vezes em que assumiu o papel de vocalista dos Stones, Keith deu um toque emotivo a baladas mais tranquilas e introspectivas como "Thru And Thru" e "The Worst".

Na sequência, passaram por um ano na turnê promocional de Voodoo Lounge, e as vendas do disco renderam à banda um lucro enorme. Keith fechou o ano de 1995 reunindo um grupo de músicos e amigos rastafáris em sua casa em Point of View, na Jamaica, para a gravação das faixas do álbum *Wingless Angels* (que só seria lançado em novembro de 1997).

Em julho de 1996, ele realizou um sonho que acalentava havia tempos, ao gravar a canção "Deuce And A Quarter" no estúdio particular de Levon Helm em Woodstock, ao lado do guitarrista Scotty Moore e do baterista D. J. Fontana (músicos de Elvis Presley em suas primeiras gravações para a Sun Records, nos anos 1950). A canção foi incluída em *All The King's Men*, disco em homenagem a Elvis. Embora se sentisse diminuído por companhia tão ilustre, Keith fez bonito com seus fraseados despretensiosos e objetivos.

Em outubro do mesmo ano, ele se encontrou com Mick e Ron Wood para discutir possíveis planos de um novo disco e uma turnê. Em dezembro, começaram a trabalhar nas demos em Londres, retomando o processo no final de janeiro de 1997, em Nova York. As gravações de *Bridges To Babylon* ocorreram nos estúdios Ocean Way, em Los Angeles, de 13 de março até julho, com uma pausa em abril. Como parte da promoção do disco e da turnê, eles atravessaram a Brooklyn Bridge de Nova York em um Cadillac vermelho para uma coletiva de imprensa. Coproduzido por Don Was, pelos "Glimmer Twins" e pelos Dust Brothers, *Bridges To Babylon* conta com "How Can I Stop", parceria de Jagger e Richards que Keith considera, entre as músicas deles, "uma das melhores de todos os tempos", com um magnífico solo de Wayne Shorter, lendário saxofonista de jazz. Richards também colaborou em "Thief In The Night", composta em parceria com Pierre du Beauport, seu técnico de guitarras.

Indiferente à insossa receptividade da crítica, a turnê mundial de *Bridges To Babylon* confirmou a fama dos Stones como uma das mais vigorosas bandas em apresentações ao vivo. O segmento europeu da turnê, que começaria em Berlim em maio, atrasou quase um mês, pois Keith caiu de uma escada na biblioteca de sua casa em Connecticut e perfurou o pulmão. (No ano seguinte, ao sofrer uma nova queda em sua casa em St. Thomas, nas ilhas Virgens, teve o outro pulmão perfurado e três costelas fraturadas.)

No final de 1998, os Stones fizeram sua estreia em um palco da Rússia, no Estádio Luzhniki, em Moscou, e se apresentaram pela primeira vez na Turquia. Em 2 de novembro, lançaram *No Security*, seu sétimo disco ao vivo. A extensa turnê da banda se prolongou até junho de 1999.

Em 2000, Keith teve altos e baixos, mas realizou dois projetos pessoais. Em abril, gravou com o guitarrista Hubert Sumlin, parceiro de longa data de Howlin' Wolf, lenda do blues; em julho, encontrou a cantora Ronnie Spector – com quem saíra uma vez nos tempos da primeira turnê dos Stones, em 1964 –, para uma sessão de gravação em Nova York. No dia 30 de agosto, Keith perdeu o pai, Bert, que tinha 85 anos.

No ano seguinte, Keith Richards participou de *Timeless*, álbum-tributo a Hank Williams, que ganhou o Grammy. O disco contou com Bob Dylan, Tom Petty, Mark Knopfler, Sheryl Crow e Johnny Cash. Keith gravou uma faixa – uma versão de "You Win Again", balada de Hank de 1952 – em sua casa em Connecticut, acompanhado de Lou Pallo e Paul Nowinski (respectivamente guitarrista rítmico e baixista de Les Paul) e do baterista George Recile.

Após a trágica destruição do World Trade Center, em 11 de setembro de 2001, em ataque terrorista que vitimou milhares de pessoas, Mick e Keith participaram, em 20 de outubro, do evento beneficente The Concert for New York City, no Madison Square Garden – show transmitido em rede nacional, no qual tocaram "Salt Of The Earth" e "Miss You" para uma plateia de socorristas do Corpo de Bombeiros de Nova York e do Departamento de Polícia de Nova York e para todos os que se envolveram nos trabalhos locais de resgate.

Entre o final de fevereiro e o início de março de 2002, Mick e Keith trabalharam em novas demos na casa de Keith em Ocho Rios, na Jamaica, preparando as próximas sessões de gravação dos Rolling Stones. No verão daquele ano, lançaram *Forty Licks*, álbum duplo com grandes sucessos e quatro faixas inéditas, celebrando o 40º aniversário da banda.

Em outubro de 2002, Richards acompanhou mais uma vez seu herói dos tempos de infância, Hubert Sumlin, ex-guitarrista de Howlin' Wolf, no álbum *About Them Shoes*. Participou de duas faixas: "This Is The End,

Little Girl", blues lento de Sumlin, e uma hipnotizante e melancólica interpretação de "Still A Fool", de Muddy Waters, na qual sua voz soa rouca e áspera, bem ao estilo do blues de Chicago. Hubert tinha 73 anos na época do lançamento do álbum, em janeiro de 2005. (Quando Sumlin faleceu, em 4 de dezembro de 2011, aos 80 anos, Keith e Mick bancaram todas as despesas do funeral do bluesman.)

O baixista Nowinski, que também participou das gravações de *About Them Shoes*, descreveu sua ligação com Keith Richards: "Conheci Keith em 1999, quando ele foi assistir a um show de Les Paul no Iridium, antigo *nightclub* de Nova York. Na época, eu era o baixista de Les Paul, que tinha uma política rígida de não admitir ninguém durante a passagem de som, mas um dia reparei que havia uma senhora idosa sentada perto... e isso aconteceu poucas horas antes do início do show. Ninguém sabia quem era. Soubemos, depois, que era a mãe de Keith. Ela não acreditava que o filho realmente conhecesse Les Paul, então foi até lá e chegou cedo. Por fim, na segunda parte da apresentação, Keith apareceu e tocou junto; foi ótimo, como você pode imaginar. Depois do show, ele me perguntou: 'Você não gostaria de ir até a minha casa em Connecticut para fazermos uma jam?' Óbvio que respondi: 'Sim, quando você quiser'. Dei a ele meu telefone, mas não tive mais notícias. Um ano depois, recebi um telefonema de Keith e, a partir de então, comecei a frequentar a casa dele cerca de três vezes por semana. Somente eu, Keith, Blondie Chapman e George Recile. Todos éramos amigos que simplesmente curtiam estar na companhia de Keith. Depois de algumas vezes em que tocamos juntos ali, ele me convidou para dormir lá. Fizemos isso durante dois anos e meio, e daquelas sessões existe uma incrível quantidade de material gravado já terminado e pronto para ser usado. Tenho dezoitos CDs incríveis repletos de canções inacabadas. E o engraçado é que foi como quando você monta a sua primeira banda e simplesmente faz uma jam no porão de casa. Aquilo, basicamente, era um estúdio. O Studio L era isso: um porão em forma de L, e era ali que nós ficávamos".

"Deixávamos nossos equipamentos prontos, e eu tinha meu pequeno cantinho perto de um closet, onde ficava com meu baixo vertical. A bateria era guardada em outra sala, perto da mesa de bilhar. E nunca a usávamos. Keith pedia a George para tocar em caixas de papelão, já que ele buscava um som suave. Lembro que Keith tinha um microfone Neumann, antigo e muito exótico, que devia valer uns 35 mil dólares. A gente se amontoava ao redor do microfone e tocava nossas músicas. E ninguém conversava sobre o que iríamos tocar na sequência. A gente simplesmente tocava as músicas, até que algo acontecesse."

"Certo dia, Hubert Sumlin apareceu. Keith o adorou. Ele ficava entusiasmado de estar ali, no porão em L, ao lado de Hubert. Hubert é o cara mais legal e mais gentil de todos os tempos, e Keith é muito parecido com ele... é um fera. Assim, eles passavam o tempo, conversando, e se deram muito bem. E naquela música que fizemos juntos, 'Little Girl', estávamos simplesmente ali, ao redor, quando eles começaram a tocar. Peguei meu baixo, e, de repente, eles tiveram de correr para posicionar os microfones no lugar certo e capturar o instante. Foi tudo muito, muito espontâneo. Como sempre, não havia planejamento. A gente nunca falava sobre o que tocar na sequência. Keith jamais dizia o que deveria ser feito. Nunca o ouvi dar instruções a ninguém."

Em novembro de 2003 foi lançada uma caixa com quatro DVDs, um registro da turnê mundial de *Forty Licks* (incluindo os primeiros shows dos Stones na Índia e na China). Prestes a completar 60 anos em 18 de dezembro daquele ano, Keith refletiu sobre o futuro da banda. "Será que somos capazes disso?", perguntava-se. "Será que você consegue mesmo ser um roqueiro durante tanto tempo? Eu toquei com uns feras que, um dia antes de morrer, mostravam a mesma energia de sempre; Muddy Waters era um deles. Só o tempo dirá se isso também vai acontecer com Mick ou comigo."

No início de junho de 2004, Keith voltou a trabalhar num novo álbum com Mick, seu parceiro de longa data, dessa vez no estúdio na casa de Jagger, o La Fourchette, em Pocé-sur-Cisse, na França. O trabalho com as demos foi completado em setembro, e, no início de dezembro, os Stones começaram as gravações de *A Bigger Bang*, primeiro álbum totalmente gravado em estúdio desde *Bridges To Babylon*, de 1997. Em abril, encerraram as sessões no La Fourchette e, em junho, passaram ao processo de *overdubbing* e de mixagens nos estúdios Ocean Way, em Los Angeles, palco de inúmeras gravações clássicas do rock 'n' roll desde a década de 1970.

De junho de 2005 em diante, Richards começou a passar mais tempo em Los Angeles, com o ator Johnny Depp. Esse seria o início de um estreito relacionamento entre dois enigmáticos *superstars*. Depp, que buscara inspiração em Richards para compor seu personagem em *Piratas do Caribe*, o capitão Jack Sparrow, tentou convencer Keith a fazer parte da lucrativa franquia do filme. Sua ideia era incorporar o guitarrista dos Stones ao elenco, no papel do rude capitão Teague, pai de Jack, no volume *O baú da morte*. Como o calendário das filmagens coincidia com uma turnê dos Stones, Keith recusou o convite. Mas acabou fazendo uma ponta como o capitão Teague em *Piratas do Caribe: No fim do mundo*, de 2007 (ele comentou em tom de brincadeira, na época, que, "depois de uma vida inteira tocando blues, a lembrança que vão guardar de mim é a de um pirata de merda!").

A Bigger Bang foi lançado em 3 de setembro de 2005, seguido da costumeira e cansativa turnê pelos Estados Unidos, concluída em 5 de fevereiro de 2006 com um show no intervalo de uma partida do Super Bowl XL, no Ford Field, em Detroit. Na época, Keith comentou: "Sinceramente, não gosto de futebol americano. Para mim, aquilo é um espetáculo, não um esporte. Quando seu time joga, você não faz um intervalo para eles assistirem a uma porra de propaganda publicitária. Mas a NFL [Liga Nacional de Futebol Americano] é lendária. Foi divertido, mas não vejo aquele show no Super Bowl como o ponto alto em minha carreira".

Em 27 de abril de 2006, Keith se acidentou gravemente, ao cair de uma árvore quando passava férias nas ilhas Fiji. Fraturou o crânio e teve de passar por uma cirurgia na Nova Zelândia, país vizinho. "As pessoas pensam que foi de um coqueiro de cinco metros", disse na época. "Foi constrangedor. Eu estava sentado em um tronco de um

131 Dando um sorriso malicioso para a câmera, em 1990.

arbusto, desses que se estendem na horizontal, a pouco menos de dois metros de altura. Meu corpo estava molhado, eu tinha acabado de dar um mergulho. Caí de mau jeito e bati a cabeça no tronco. Foi isso. Não foi a primeira vez que esbarrei na morte. Acho que a lição que aprendi foi: nunca mais se sente numa árvore."

Richards retomou a turnê com os Stones em 11 de julho, depois de um mês e meio de recuperação. Em 29 de outubro, tocou no primeiro de dois shows especiais e em clima intimista no Beacon Theater, em Nova York, ambos registrados pela câmera de Martin Scorsese, que havia usado a faixa "Jumpin' Jack Flash" em seu filme *Caminhos perigosos* e "Gimme Shelter" na cena que serve de clímax a *Os bons companheiros*, de 1990. O evento de gala contou com participações especiais de Jack White, dos White Stripes (em "Shine A Light"), de Christina Aguilera (em "Live With Me") e do guitarrista e lenda do blues Buddy Guy (em "Champagne & Reefer", de Muddy Waters). Na plateia, estavam o ex-presidente Bill Clinton e a esposa, a então senadora Hillary Clinton.

Durante uma pausa na turnê mundial de *A Bigger Bang*, de 2007, Richards participou das gravações de *Stones Project II*, álbum solo de Tim Ries, saxofonista da banda. Ousado CD duplo (gravado para o Tames Music Group, do próprio Tim, e licenciado para o selo Sunnyside), a exótica homenagem aos Stones teve a participação de músicos de todo o mundo – e em seu próprio ambiente –, entre eles a cantora portuguesa de fado Ana Moura ("No Expectations", "Brown Sugar"), a vocalista japonesa Minako Yoshida e o guitarrista Kazumi Watanabe ("Baby Break It Down") e a banda tuaregue norte-africana Tidawt ("Hey Negrita"). Charlie Watts, baterista dos Stones, toca uma versão levemente suingada de "Miss You", em clima de jazz e ritmo de valsa, gravada em Paris. Richards deixou registrados seus inconfundíveis fraseados numa versão de "Baby Break It Down", gravada em Tóquio, e Mick Jagger tocou gaita ao lado de Ronnie Wood (na guitarra lap steel) na fascinante "Hey Negrita".

Em março de 2007, Richards tocou na cerimônia em que as Ronettes entraram para o Rock 'n' Roll Hall of Fame, no Waldorf Astoria em Nova York. Em abril, ele voltou para a Inglaterra para ficar com a mãe, que estava nos últimos momentos de vida; Doris morreu no dia 1º de maio, aos 91 anos. E, naquele ano, Keith Richards teria mais notícias ruins: Patti Hansen, sua esposa, que sobrevivera a um câncer de mama em 2005, descobriu que tinha um tumor na bexiga. "Comparado ao câncer na bexiga, o de mama não foi nada", declarou à revista *Harper's Bazaar*. De imediato, ela foi submetida a uma cirurgia, seguida de quimioterapia, o que a livrou da doença. Patti trabalha no Memorial Sloan-Kettering Cancer Center, em Nova York, em um projeto de conscientização.

Em 2007, o nome de Keith esteve nas manchetes de jornais em razão de uma declaração dada a um tabloide britânico. Na matéria, o guitarrista mencionou que, quando seu pai morreu e foi cremado, em 2002, ele cheirou as cinzas do pai durante o luto. Houve quem afirmasse que Keith tinha passado dos limites, enquanto outros insinuaram que a inalação ou ingestão de um ancestral era um ritual que remontava à Antiguidade. De qualquer modo, a notícia desencadeou uma enorme polêmica em todo o mundo.

O destaque da turnê europeia dos Stones de *A Bigger Bang* foi a abertura no Isle of Wight Festival, em Newport, Inglaterra, que contou com a participação de Amy Winehouse. Em junho, a banda lançou mais uma caixa com quatro DVDs, um documentário intitulado *The Biggest Bang*, com shows da turnê realizada entre 2005 e 2006. No final de julho, Keith assinou um contrato com o editor Little Brown para escrever *Vida*, autobiografia publicada em 2010. A turnê mundial de *A Bigger Bang* foi encerrada em 27 de agosto de 2007, com três shows na O2 Arena, em Londres. Foi a turnê mais longa e de maior alcance da carreira dos Stones, além de ter sido a mais lucrativa da história do rock. Com dois anos de duração, faturou 558 milhões de dólares, marca que colocou a banda no *Guinness World Records*.

No ano seguinte, 2008, houve o lançamento de *Shine A Light*, gravação dos Rolling Stones filmada por Martin Scorsese, exibida nos cinemas e nas salas IMAX de todo o mundo e, posteriormente, lançada em DVD. Dois anos depois, Keith, Mick e Charlie Watts assistiram à pré-estreia do documentário *Stones In Exile* no Museu de Arte Moderna de Nova York. Dirigido por Stephen Kijak, que reuniu cenas primorosas das intensivas sessões de gravação do disco *Exile On Main Street*, de 1971, no porão da mansão de Richards no sul da França, *Stones In Exile* teve a pré-estreia no Festival de Cannes e, em junho, foi lançado em DVD.

No início de outubro de 2010, saiu a versão restaurada em DVD do documentário *Ladies And Gentleman, The Rolling Stones*, que retrata um show da banda. Mas, para Keith, a maior conquista ocorreu no fim daquele mesmo mês: o lançamento de sua encantadora e sincera autobiografia, *Vida*, que teve ampla e positiva receptividade e recebeu o Prêmio Norman Mailer (entregue a ele numa cerimônia de gala em 8 de novembro, em Nova York, por Bill Clinton). Em resenha publicada na Amazon.com, Daphne Durham escreveu: "Richards se mostra à vontade em seu relato, como quem usa um sapato velho; *Vida* capta o ritmo da voz do autor de maneira tão fluida que ler suas histórias é como tomar uma cerveja com um velho amigo – amigo que, por acaso, é um dos guitarristas mais idolatrados de todos os tempos".

Em resenha sobre o livro publicada no *New York Times*, Michiko Kakutani escreveu: "Alternando tons que oscilam entre o sério e o ferino, ora delicado, ora sarcástico e impiedoso, Richards revela um estilo envolvente... Ele transmite um sentimento indelével e revelador da loucura que era estar com os Stones no período pré e pós-Altamont; apresenta relatos das inúmeras situações em que esteve à beira de um desastre (as iminências de prisão e a prisão em si, o mal vivido com as drogas); e uma infinidade de perfis de conhecidos... *Vida* é muito mais que memórias reveladoras de um ídolo mundial. É também um retrato em alta definição e velocidade da era em que o rock 'n' roll alcançou a maturidade, um relato construído a partir do redemoinho da contracultura, de como aquela música varreu o Reino Unido e os Estados Unidos. Trata-se de uma viagem pelas luzes dos estúdios e por ambientes frequentados na noite, guiada por um mágico que revela os segredos de sua arte".

Os comentários pouco elogiosos feitos por Keith sobre o parceiro geraram uma reação defensiva em Mick, e houve dúvidas sobre se os "Glimmer Twins" se reuniriam novamente. "Estou tentando manter os laços do grupo, mas não quero que isso se torne uma prisão!", disse Keith na época. "Há ventos soprando nessa direção. A ideia está no ar. Nós sabemos o que devemos fazer, mas por enquanto ninguém se mexeu. Nós ainda somos capazes

– e acho que Mick e Charlie sentem o mesmo – de despertar o interesse das pessoas. Não precisamos provar mais nada. Eu simplesmente adoro tocar e sinto falta das multidões." De fato, o grupo novamente foi capaz de superar as desavenças e voltar aos palcos para celebrar os 50 anos de existência, em 2012.

No meio-tempo, Richards trabalhou firme com o baterista e parceiro Steve Jordan na preparação de um novo disco solo. O baixista Paul Nowinski conta: "Keith e Steve reservaram com exclusividade os Germano Studios, na 3rd Street, durante seis meses e trabalharam dia após dia. Cerca de uma semana antes do Natal de 2010, recebi um telefonema de Jane Rose, empresária de Keith, perguntando se eu estava na cidade e se tinha tempo disponível. Na época, eu trabalhava no espetáculo de Hugh Jackman na Broadway, então meu horário era bastante flexível durante o dia. Fui até lá, e gravamos uma bela faixa. Eu só fiz o *overdubbing* de alguns trechos. Também fiz uma sessão completa com viola da gamba e acrescentei todo um naipe de cordas, o que foi bem divertido. Keith tinha me iniciado na viola da gamba dez anos antes, e enquanto eu estava em turnê com Rickie Lee Jones me deparei com uma viola no meio do caminho e comecei a brincar. Assim, fiz um trecho inteiro de cordas numa das músicas deles – uma experiência e tanto. Keith disse: 'Você não quer vir tocar a gamba nesta faixa?' Eu disse: 'Sabe, não sou profissional, mas posso tentar'. Então, eu estava lá, um pouco nervoso, e Keith começou a fazer massagem em meus ombros, dizendo: 'Relaxa, vai dar certo'. Duas horas depois, tínhamos terminado um trecho inteiro com cordas de viola da gamba, numa música em que estávamos trabalhando. Foi bem legal."

Assim como muitos que trabalharam com Richards ao longo dos anos, Nowinski revela que o icônico guitarrista dos Rolling Stones é, na verdade, muito mais pé no chão do que alguém de fora da "bolha" Stones possa imaginar. "Óbvio, ele é uma das maiores estrelas do mundo, mas é muito sossegado. É surpreendente. Ele é um cara legal; o ego dele é praticamente nulo. Adoro tocar ao lado de Keith."

Nowinski também revela que, em sua última sessão de gravação ao lado de Richards, aprendeu uma lição que levará para o resto da vida. "Lembro que eu estava deprimido por achar que tinha errado um trecho e que isso tinha estragado a faixa inteira. Acho que foi em 'You And Again'. Em uma nota só. Então, Keith me disse: 'Paul, as melhores coisas que fiz na vida aconteceram quando eu cometi o erro certo'. Nunca mais me esqueci daquilo."

"Ele é o maior de todos", acrescentou Nowinski. "É um dos músicos mais completos que conheço. Certa vez, eu estava na casa dele, em Connecticut, nós acordamos, e Keith tinha preparado um café da manhã inglês completo – linguiça, purê de batata e tudo o mais. E, enquanto preparava o café, ouvia os concertos para alaúde e bandolim de Vivaldi. Quando terminou de preparar os ovos, pegou o violão que estava ao lado do fogão e começou a tocar de maneira perfeita o movimento *adaggio* do concerto de Vivaldi com o disco. Ele tocou o movimento inteiro de ouvido, lindamente. Keith tem mais música dentro dele do que as pessoas imaginam. Acho que ele é capaz de qualquer coisa. Dizer mais o quê? O cara não existe."

Depois de meio século de rock 'n' roll, Richards já ultrapassou a idade que seu herói de infância Muddy Waters tinha ao falecer, em 1983. Já avô, ele orgulhosamente promove reuniões de família em feriados e em ocasiões especiais. Seu filho Marlon, vegetariano, gentil, espirituoso e de boas maneiras, segundo o relato de todos, tem três filhos pequenos – o menino Orson e as meninas Ella e Ida – com a esposa Lucie de la Falaise, ex-modelo da Yves St. Laurent. A filha de Keith, Dandelion (hoje mais conhecida pelo nome do meio, Angela), mora numa propriedade rural a cerca de três quilômetros da casa do pai em Redlands. A mãe deles, Anita Pallenberg, mora numa fazenda nas redondezas.

Alexandra e Theodora, as duas filhas de Keith com Patti Hansen, são modelos em fase ascendente e moram em Manhattan. Alexandra causou certo estardalhaço ao posar nua, em 2010, para a *Playboy* francesa. Mas declarou na época ao *Daily Express*, tabloide britânico: "Quando recebi o convite, dei risada com minha mãe, que havia posado para a *Playboy* anos antes. Sou jovem e, quando for velha, poderei olhar para trás e dizer que fiz aquilo. Malhei na academia para deixar minha bunda em forma para esse ensaio, então por que não a exibir?" Alexandra também é DJ em casas noturnas de Nova York. Sua irmã Theodora, que estuda pintura e desenho, saiu nos jornais em março de 2011, ao ser presa por grafitar as paredes de um convento em Nova York. Abordada pela polícia, ela carregava maconha e outra substância de uso controlado.

"Eu amo minhas famílias", diz o patriarca Richards. "Tenho várias 'famílias estendidas', e elas se amam. Sinto-me abençoado, porque minhas mulheres, graças a Deus, se dão bem entre elas."

E, embora haja quem insinue que Keith não envelheceu de maneira graciosa – as referências ofensivas variam de "réptil pré-histórico" a "vagabundo degenerado" –, não há dúvida de que ele é um dos poucos sobreviventes do rock 'n' roll. Na coluna "Style & Culture", no *Los Angeles Times*, a jornalista Hillary Johnson escreveu: "Richards passa a impressão de que esteve preso em um formigueiro no deserto de Gobi nos últimos quarenta anos e de que se orgulha de sua condição de libertino desavergonhado e degenerado. Se existisse, de fato, uma ilha de garotos perdidos, passadas seis décadas de diversão e de brincadeiras ele seria o líder do grupo. Richards tem orgulho de seu couro de elefante, tão deliberadamente feio por dentro quanto por fora. Como ele curiosamente não envelhece, é tão fascinante contemplar a destruição do rosto e do corpo de Richards quanto um engavetamento de dez carros. Você não tem como deixar de olhar para ele, já que esse rosto e esse corpo poderiam muito bem ser seus".

É verdade. Mas o embaixador do rock 'n' roll afirmou à revista *People*: "Envelhecer é fascinante. Quanto mais velho você fica, mais velho quer ficar".

Ainda ávido por novos desafios e entusiasmado com o processo de criação musical depois de tantos anos, Keith dedica-se de corpo e alma a uma permanente trajetória de autoconhecimento. Ele declarou à revista *Rolling Stone*: "Para mim, o principal em relação a viver neste planeta consiste em descobrir quem eu sou e ser autêntico em relação a isso. É por isso que ainda estou vivo".

136-137 A modelo Patti Hansen abraça o namorado Keith Richards, c. 1981.

139 Numa nuvem de fumaça, exibindo seu anel de caveira, c. 1981.

140 Tocando com os Rolling Stones em show no Candlestick Park, em San Francisco, Califórnia, em 18 de outubro de 1981.

141 Ostentando um colar com pingente no formato de folha de maconha, em show com os Stones em 1982.

EM JANEIRO DE 1980, RICHARDS REENCONTROU O AMOR AO CONHECER A MODELO PATTI HANSEN. ELE ESCREVEU EM SEU DIÁRIO: "PARECE INCRÍVEL, MAS ENCONTREI UMA MULHER. MILAGRE! E ELA ACHA QUE ESTE *JUNKIE* ACABADO É O CARA QUE ELA AMA. ESTOU CHEGANDO AOS 40 ANOS E ESTOU COMPLETAMENTE ENFEITIÇADO".

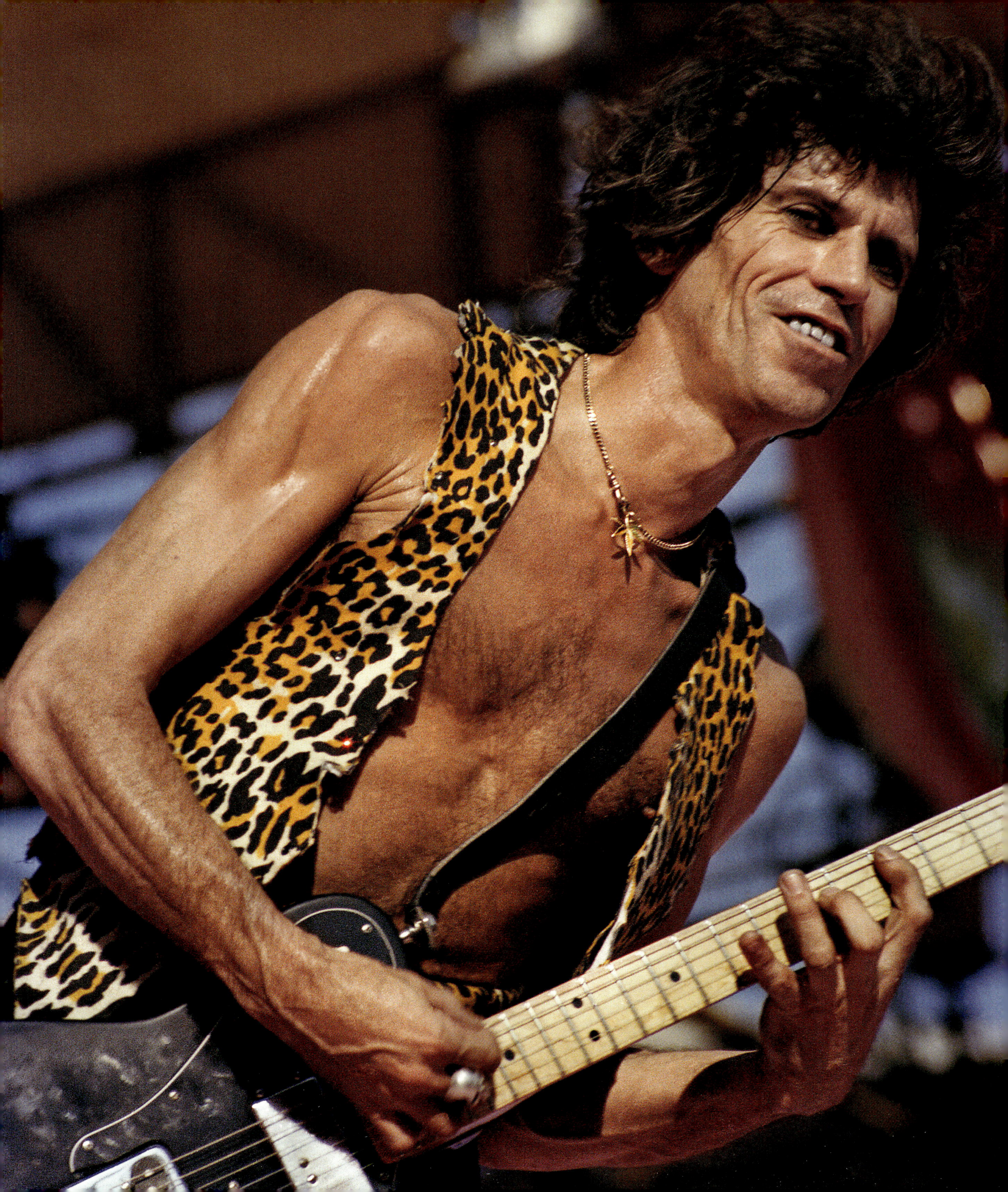

142-143 Foram raras as vezes em que Keith Richards assumiu o papel de vocalista dos Rolling Stones. A primeira vez foi em "Happy", do álbum *Exile On Main Street*, de 1972. Isso passou a acontecer com regularidade nos setlists da banda nas três décadas seguintes. Nesta foto, Richards canta e toca com o parceiro de banda Ronnie Wood, em show no Folsom Field, em Boulder, Colorado, em outubro de 1981.

143 Ron Wood e Keith Richards tocando e fumando em show no Folsom Field, em Boulder, Colorado, em outubro de 1981.

144 e 145 Tocando com os Rolling Stones, c. 1982.

146-147 Outro retrato de Richards fumando cigarro, c. 1982.

148-149 Richards e um colar com pingente no formato de folha de maconha, seu anel de caveira e os olhos pintados com lápis, c. 1982.

150 Close para a câmera, c. 1990.

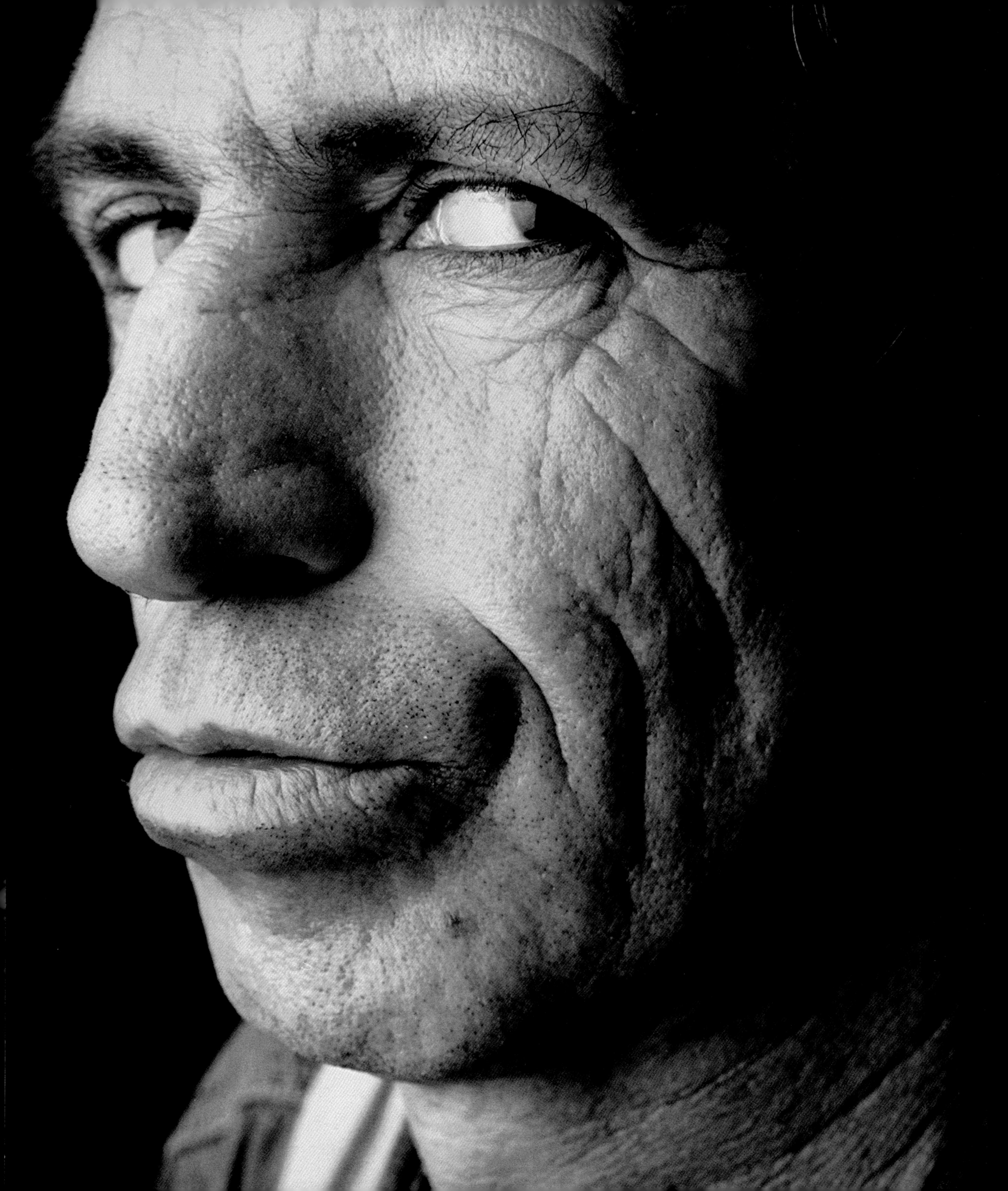

KEITH RICHARDS

152-153 O rosto marcado de um guerreiro do rock 'n' roll: Keith Richards, guitarrista dos Rolling Stones, c. 2010.

154 Em show com os Stones em Syracuse, Nova York, em 1982.

155 Na turnê de *Steel Wheels* com os Stones, em Jacksonville, Flórida, em 1989.

156 Com roupas extravagantes, dançando com sua guitarra predileta durante a turnê de *Steel Wheels*, dos Rolling Stones, em 1989.

157 Em pose de rockstar, com sua fiel Fender Telecaster, na turnê de *Steel Wheels*, em 1989.

158-159 Ronnie Wood e Keith Richards na turnê de *Steel Wheels*, dos Rolling Stones, em Atlantic City, Nova Jersey, em 1989.

160-161 Fazendo pose em um estúdio fotográfico, aproximadamente na época do lançamento de seu primeiro álbum solo, *Talk is Cheap*, em 1988.

162-163 No conforto de sua casa em Connecticut, relaxando com seu violão Martin, de 1964, na biblioteca octogonal, à época do lançamento de seu segundo álbum solo, *Main Offender*, em 1992.

KEITH
RICHARDS
MAIN
OFFENDER

164 Em show da turnê de *Main Offender*, nos Estados Unidos, em 1993.

165 Riffs ao lado do baixista Charley Drayton, do X-Pensive Wino, em 1993.

166-167 Ron Wood (com uma guitarra Gibson Firebird) e Keith Richards (com uma Les Paul Junior) durante a turnê de *Voodoo Lounge*, em 1994.

KEITHRICHARDS

AINDA NOS RIFFS, DEPOIS DE TANTOS ANOS AINDA NOS RIFFS, DEPOIS DE TANTOS ANOS

KR

Gibson
Gibson

168-169 Cantando e tocando sua Fender Telecaster com os Rolling Stones e as backing vocals da banda, em meados da década de 1980.

170 Em sua casa em Connecticut, c. 2000.

EXTRAORDINÁRIO ROCKSTAR E AUTÊNTICO ÍCONE DA GUITARRA, **KEITH FOI ELEITO O QUARTO** ENTRE OS CEM MAIORES GUITARRISTAS DE TODOS OS TEMPOS PELA REVISTA *ROLLING STONE*.

KEITHRICHARDS

172 O leão durante o inverno, em sua casa em Connecticut, c. 2000.

174-175 O velho ícone do rock relaxa aos 59 anos de idade, c. 2002.

176-177 Estúdio musical em estilo rococó, em sua casa em Connecticut, c. 2000.

182-183 Fazendo pose com sua Telecaster Custom preta de 1975 ao lado de Mick Jagger, parceiro de longa data, durante um show dos Rolling Stones em Petco Park, San Diego, em 14 de novembro de 2005.

184-185 Mick Jagger e Keith Richards, *frontmen* dos Rolling Stones, curtem um momento juntos, em seu relacionamento de amor e ódio, em 10 de maio de 2005.

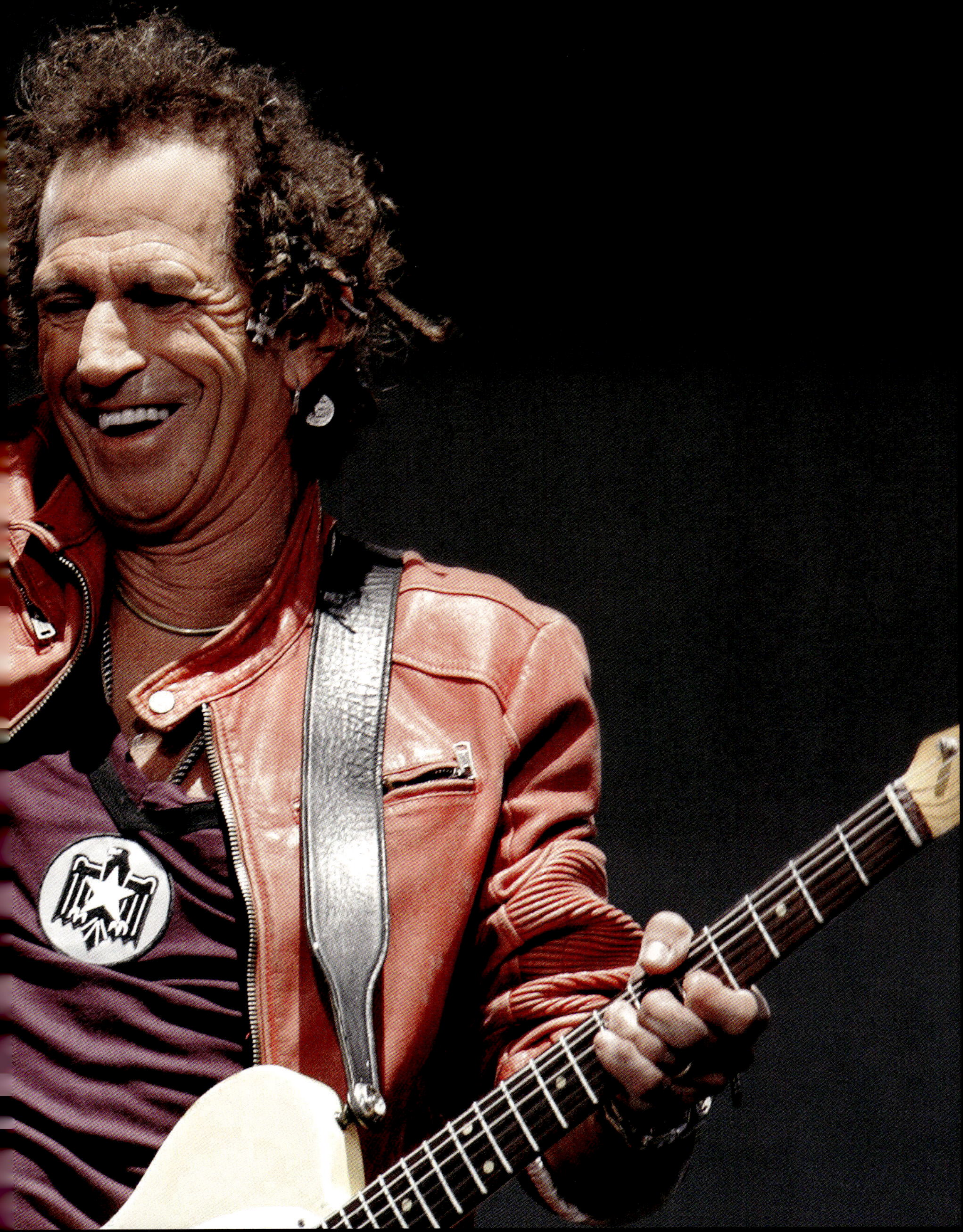

"É VERDADE. **SE VOCÊ NÃO PODE CONFIAR NO SEU PARCEIRO,** ENTÃO ELE NÃO É REALMENTE SEU AMIGO, CERTO?"

186 e 187 Tocando em um show dos Rolling Stones no Dodger Stadium, em Los Angeles, em 22 de novembro de 2006.

188-189 Com sua guitarra preta Gibson ES-355 de 1959, tocando com os Rolling Stones durante o intervalo de uma partida do Super Bowl XL em Detroit, Michigan, em 5 de fevereiro de 2006.

190-191 Tocando durante o intervalo da partida entre o Pittsburgh Steelers e o Seattle Seahawks, no Super Bowl XL, em Ford Fields, Detroit, Michigan, em 5 de fevereiro de 2006.

“CHUCK HERDOU ISSO DE T-BONE WALKER; EU HERDEI ISSO DE CHUCK, MUDDY WATERS, ELMORE JAMES E B. B. KING. **TODOS NÓS SOMOS MEMBROS DESSA FAMÍLIA QUE REMONTA A MILHARES DE ANOS.** E ESTAMOS PASSANDO ISSO ADIANTE.”

192-193 Os Rolling Stones (da esquerda para a direita, Keith Richards, Ronnie Wood e Mick Jagger) no palco do Estádio Olímpico de Berlim, em 21 de julho de 2006.

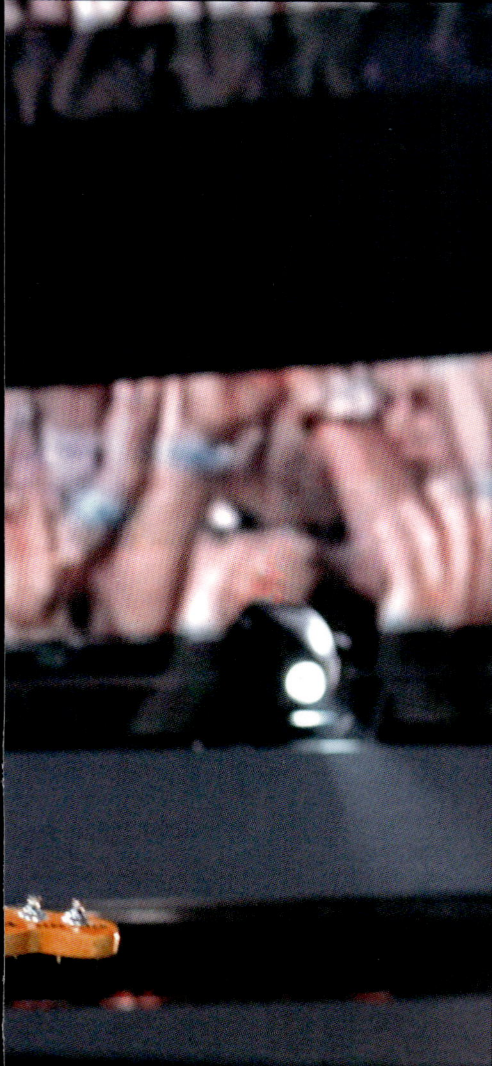

194-195 e 195 Com sua Fender Telecaster Custom preta de 1975, em show com os Rolling Stones em Amsterdã, Holanda, em 31 de julho de 2006.

197 Show em Bucareste, Romênia, durante a turnê europeia de *A Bigger Bang*, dos Rolling Stones, em 17 de julho de 2007.

“COM DUAS OU TRÊS NOTAS, KEITH COMPÔS TEMAS QUE SOAVAM MAIS PODEROSOS QUE QUALQUER OUTRO SOLO MARAVILHOSO. **NÃO SÓ PELO NÍVEL TÉCNICO – TINHA ALI UM COMPONENTE EMOCIONAL QUE MEXEU COMIGO.”**

– NILS LOFGREN

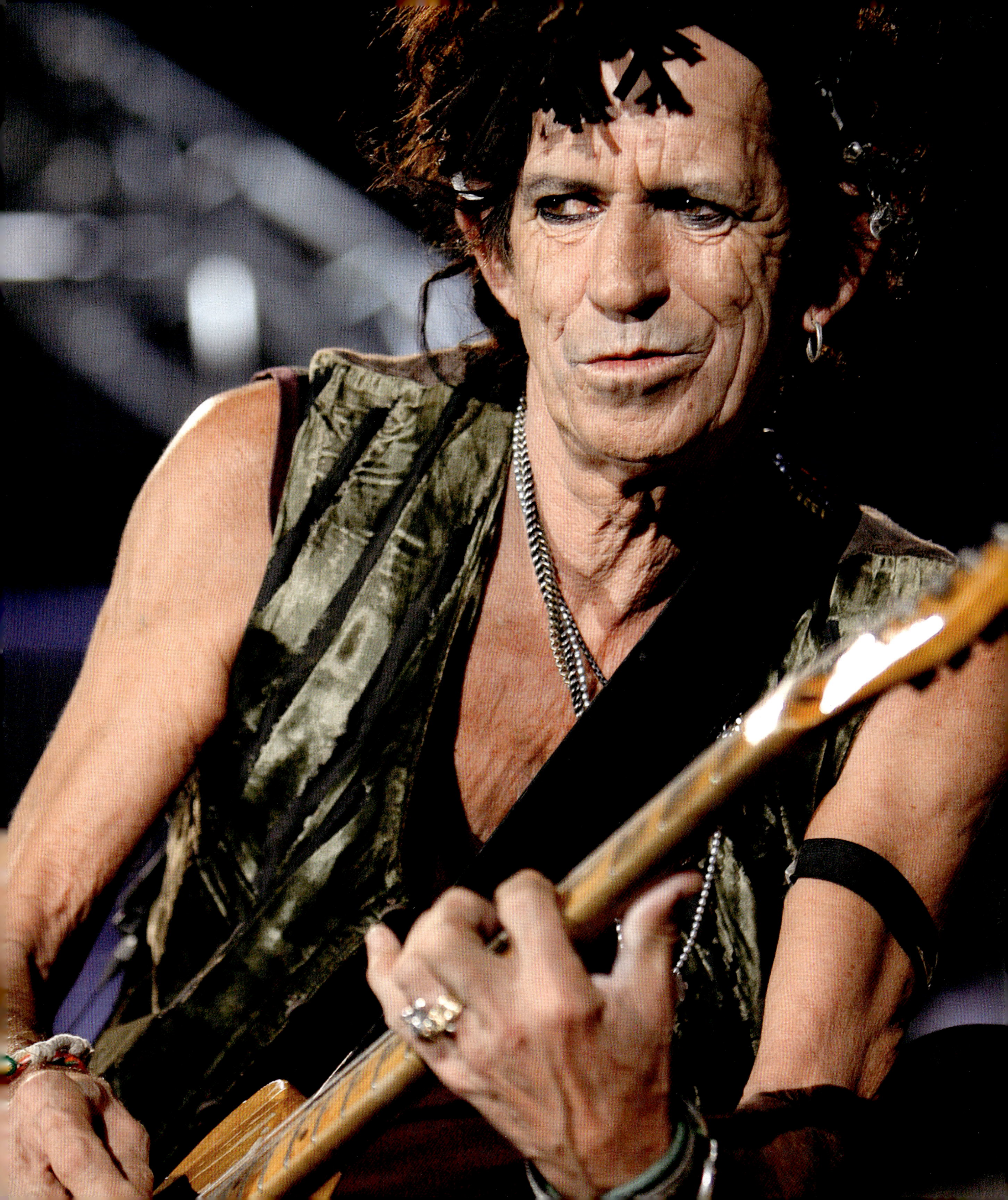

STONES
SCORSESE
SHINE A LIGHT
MIT GASTAUFTRITTEN VON CHRISTINA AGUILERA, BUDDY GUY UND JACK WHITE III
FORTISSIMO FILMS IN ZUSAMMENARBEIT MIT CONCERT PRODUCTIONS INTERNATIONAL UND SHANGRI-LA ENTERTAINMENT PRÄSENTIEREN EINEN MARTIN SCORSESE FILM MICK JAGGER KEITH RICHARDS CHARLIE WATTS RONNIE WOOD „SHINE A LIGHT" MIT CHRISTINA AGUILERA BUDDY GUY JACK WHITE III BÜHNENBILD MARK FISHER LICHTKONZEPT PATRICK WOODROFFE SCHNITT DAVID TEDESCHI KAMERA ROBERT RICHARDSON, ASC AUSFÜHRENDER KOPRODUZENT JANE ROSE AUSFÜHRENDE PRODUZENTEN MICK JAGGER KEITH RICHARDS CHARLIE WATTS RONNIE WOOD
PRODUZENT VICTORIA PEARMAN PRODUZENTEN MICHAEL COHL ZANE WEINER STEVE BING REGIE MARTIN SCORSESE
www.shinealight.kinowelt.de
Soundtrack erhältlich ab 4. April exklusiv bei Polydor Records
58 Internationale Filmfestspiele Berlin
Wettbewerb
Eröffnungsfilm

SHINE
IN THEAT

waterstone's
KEITH RICHARDS
waterstone's

198 Cartaz do filme-documentário *Shine A Light*, de Martin Scorsese, de 2008, sobre os Rolling Stones.

198-199 Rolling Stones (Ronnie Wood, Charlie Watts, Mick Jagger e Keith Richards) ao lado do diretor Martin Scorsese (centro), durante coletiva de imprensa da Paramount Pictures para promover *Shine A Light*, no New York Palace Hotel, c. 2008.

200-201 Durante sessão de autógrafos de *Vida*, sua autobiografia, na livraria Waterstone, em Piccadilly Circus, Londres, em 3 de novembro de 2010.

202 e 202-203 Vestido com a indumentária completa do capitão Teague, para a ponta que fez no filme *Piratas do Caribe: Navegando em águas misteriosas*, em 2011.

204 Com a esposa Patti Hansen, chegando à pré-estreia de *Piratas do Caribe: Navegando em águas misteriosas*, na Disneylândia, em Anaheim, Califórnia, em 7 de maio de 2011.

AUTORES

Valeria Manferto De Fabianis, nascida em Vercelli, Itália, obteve o diploma de ensino secundário em estudos clássicos, prosseguindo nos estudos de natureza literária e graduando-se em filosofia pela Universittà Cattolica del Sacro Cuore, em Milão. Apaixonada por turismo e pela natureza, tem colaborado na produção de documentários para a televisão e realizado reportagens para as mais prestigiadas revistas da Itália. Especialista em edição de fotos e criação de imagens, também supervisionou a redação de textos para inúmeros volumes fotográficos. Em 1984, ao lado de Marcello Bertinetti, fundou a Edizioni White Star, assumindo o posto de gerente editorial. Entre seus projetos, merecem especial menção: a bem-sucedida série CubeBook; *Fidel Castro: história e imagem do Lider Máximo*; *A vida de John Lennon*; *Fur and Feathers: An Unusual Farm*; *Lingerie*; *A Matter of Style: Intimate Portraits of 10 Women Who Changed Fashion*; e *Rolling Stones: 50 anos de rock*. Concebeu e foi curadora de mostras fotográficas, obtendo êxito em várias grandes cidades, tanto na Itália quanto em outros países.

Bill Milkowski é um escritor que vive em Manhattan e contribui para várias publicações na área musical, entre elas *Jazz Times, Jazziz e Absolute Sound* (Estados Unidos); *Jazzthing* (Alemanha); *Guitar Club* (Itália); e *Guitar* (Japão). Também publicou artigos nas revistas *Down Beat*, *Guitar Player*, *Bass Player*, *Acoustic Guitar*, *Pulse!*, *MIX* e *Interview*. Atua como consultor do site Wolfgang's Vault, que reúne concertos históricos dos arquivos do Newport Jazz Festival (disponível em www.wolfgangsvault.com). É autor de *JACO: The Extraordinary and Tragic Life of Jaco Pastorius*; *Swing It! An Annotated History of Jive*; *Rockers, Jazzbos & Visionaries*; e *Legends of Jazz*. Em 2011, publicou como coautor *Here and Now! The Autobiography of Pat Martino*. Milkowski já escreveu mais de quinhentas sinopses de discos e produziu álbuns para os selos Blue Note, Columbia, JVC e NYC Records. Em 2004, recebeu o Helen Oakley Dance-Robert Palmer Award for Excellence in Newspaper, Magazine, Online Feature or Review Writing, prêmio conferido pela Jazz Journalists Association, e em 2011 foi premiado com o Lifetime Achievement Award, também da JJA.

CRÉDITOS DAS FOTOGRAFIAS

p. 2 Steve Pyke/Getty Images
p. 3 Steve Pyke/Getty Images
p. 4 Henry Diltz/Corbis
p. 7 Mirrorpix
pp. 10-11 Lynn Goldsmith/Corbis
p. 12 Michael Ochs Archives/Getty Images
p. 14 Globe Photos/ZUMAPRESS.com
p. 18 MH/DR/Photo12
pp. 22-23 John Hoppy Hopkins/Redferns/Getty Images
p. 24 Terry O'Neill/Getty Images
p. 25 Mirrorpix
p. 26 Chris Ware/Keystone Features/Getty Images
p. 27 Jeremy Fletcher/Redferns/Getty Images
p. 28 Mirrorpix
p. 29 Mirrorpix
pp. 30-31 Mirrorpix
p. 31 Mirrorpix
pp. 32-33 RB/Redferns/Getty Images
pp. 34-35 Terry O'Neill/Getty Images
p. 35 Beyl/Cinetext/Tips Images
p. 36 Mirrorpix
p. 37 Mirrorpix
p. 38 Michael Ochs Archives/Getty Images
p. 39 Peter Francis/Redferns/Getty Images
p. 40 Michael Ochs Archives/Getty Images
pp. 42-43 TopFoto/ICPonline
p. 44 Lynn Goldsmith/Corbis
p. 46 DR/Photo12
p. 50 Michael Putland/Getty Images
pp. 56-57 Michael Ochs Archives/Getty Images
pp. 58-59 Jean-Marie Périer/Photo12
pp. 60 Mirrorpix
p. 61 Mirrorpix
pp. 62-63 Mirrorpix
p. 64 Mirrorpix
p. 65 Mirrorpix
pp. 66 Michael Ochs Archives/Getty Images
p. 67 Michael Ochs Archives/Getty Images
p. 68 Everett Collection/Contrasto

p. 69 Mirrorpix
p. 72 Peter Kemp/AP Photo/LaPresse
p. 73 Mirrorpix
pp. 74-75 John Minihan/Getty Images
p. 76 Michael Ochs Archives/Getty Images
p. 78 William Lovelace/Express/Getty Images
p. 79 Michael Ochs Archives/Getty Images
p. 80 Jean-Marie Périer/Photo12
p. 82 Bettmann/Corbis
pp. 82-83 Lichefield/Getty Images
p. 84 Mirrorpix
p. 85 Gijsbert Hanekroot/Getty Images
p. 86 Mirrorpix
pp. 86-87 Mirrorpix
p. 88 Mirrorpix
p. 89 Mirrorpix
p. 90 Michael Putland/Getty Images
pp. 90-91 Michael Putland/Getty Images
p. 92 Michael Putland/Getty Images
p. 93 Michael Ochs Archives/Getty Images
p. 94 Michael Putland/Getty Images
p. 95 Michael Putland/Getty Images
p. 96 Christopher Simon Sykes/Hulton Archive/Getty Images
p. 97 Christopher Simon Sykes/Hulton Archive/Getty Images
pp. 98-99 Lynn Goldsmith/Corbis
p. 99 Henry Diltz/Corbis
p. 100 Michael Putland/Getty Images
p. 101 Passion Pictures/ZUMAPRESS.com
pp. 102-103 Mirrorpix
p. 104 Lynn Goldsmith/Corbis
p. 105 Henry Diltz/Corbis
pp. 106-107 Henry Diltz/Corbis
p. 108-109 Brad Elterman/BuzzFoto/ FilmMagic/Getty Images
p. 109 TopFoto/ICPOnline
p. 110 Neil Preston/Corbis
p. 111 Richard E. Aaron/Redferns/Getty Images
p. 112 Richard E. Aaron/Redferns/Getty Images
p. 113 Richard E. Aaron/Redferns/ Getty Images
pp. 114-115 Ebet Robert/Redferns/ Getty Images
p. 116 Tom Hill/WireImage/Getty Images
p. 117 Ed Perlstein/Redferns/Getty Images
p. 118 Deborah Feingold/Corbis
p. 120 Deborah Feingold/Corbis
p. 124 Ebet Robert/Redferns/Getty Images
p. 131 Henrietta Butler/ArenaPAL/ TopFoto/ICPonline.it
pp. 136-137 Lynn Goldsmith/Corbis
p. 139 Lynn Goldsmith/Corbis
p. 140 Rocky Widner/Retna Ltd./Corbis
p. 141 Denis O'Regan/Corbis
pp. 142-143 Lynn Goldsmith/Corbis
p. 143 John Kelly/Getty Images
p. 144 Denis O'Regan/Getty Images
p. 145 Denis O'Regan/Getty Images
pp. 146-147 Denis O'Regan/Corbis
pp. 148-149 Denis O'Regan/Getty Images
pp. 150 Steve Pyke/Getty Images
pp. 153 Steve Pyke/Getty Images
p. 154 Hulton Archive/Getty Images
p. 155 Paul Natkin/WireImage/Getty Images
p. 156 Paul Natkin/WireImage/Getty Images
pp. 156-157 Paul Natkin/WireImage/ Getty Images
pp. 158-159 Paul Natkin/WireImage/ Getty Images
pp. 160 Wyatt Counts/Corbis
pp. 162-163 Christopher Simon Sykes/Interior Archive/Corbis
p. 164 Paul Natkin/Getty Images
p. 165 Paul Natkin/Getty Images
pp. 166-167 Pal Bergen/Redferns/ Getty Images
pp. 168-169 DMI/Time & Life Pictures/ Getty Images
p. 170 Deborah Feingold/Corbis
p. 173 Deborah Feingold/Corbis
pp. 174-175 Deborah Feingold/Corbis
pp. 176-177 Deborah Feingold/Corbis
pp. 178 Jan Pitman/AP Photo/LaPresse
pp. 179 Jan Pitman/AP Photo/LaPresse
p. 180 Bertrand Guay/AFP/Getty Images
p. 181 Dave Benett/Getty Images
pp. 182-183 Earnie Grafton/Union-Tribune/ ZUMAPRESS.com
pp. 184-185 Andrew Gombert/epa/ Corbis
p. 186 KMazur/WireImage/Getty Images
p. 187 KMazur/WireImage/Getty Images
pp. 188-189 Bill Frakes/Sports Illustrated/ Getty Images
pp. 190-191 Al Messerschmidt/Getty Images
pp. 192-193 Johannes Eisele/AFP/Getty Images
pp. 194-195 Greetsia Tent/WireImage/Getty Images
p. 195 Matt Sayles/AP Photo/LaPresse
p. 197 Vadim Ghirda/AP Photo/LaPresse
p. 198 NG Collection/Marka
pp. 198-199 Andrew Marks/Corbis
pp. 200-201 Rune Hellestad/Corbis
p. 202 PeterMountain/© WaltDisney Pictures/Everett Collection/Contrasto
pp. 202-203 PeterMountain/ © WaltDisney Pictures/Everett Collection/Contrasto
p. 204 Jon Kopaloff/FilmMagic/Getty Images

CAPA

Keith Richards em sua casa em Connecticut.
© Deborah Feingold/Corbis

KEITHRICHARDS

Título original: *Keith Richards: A rock 'n' roll life*

Publicado originalmente em 2012 por Edizione White Star s.r.l., Via M. Germano, 10, 13100 Vercelli, Itália

Ediouro Publicações Ltda.
Rua Nova Jerusalém, 345 — Bonsucesso — 21042-235
Rio de Janeiro — RJ — Brasil
Tel.: (21) 3882-8200 — Fax: (21) 3882-8212/8313

EDIÇÃO BRASILEIRA
Coordenação editorial: Diego Rodrigues – Carochinha Editorial
Editora-assistente: Simone Oliveira
Tradução: Luís Fragoso
Preparação: Thaís Rimkus
Revisão: Débora Tamayose e Leandro Morita
Diagramação: Carochinha Editorial

EDIÇÃO ORIGINAL
Foto da capa: Keith Richards em casa, em Connecticut.
© Deborah Feingold / Corbis
Capa: Paola Piacco / Edizioni White Star
Design e layout: Paola Piacco

CIP-BRASIL. CATALOGAÇÃO NA FONTE
SINDICATO NACIONAL DOS EDITORES DE LIVROS, RJ

M599k

Milkowski, Bill
Keith Richards : uma vida rock 'n' roll / texto de Bill Milkowski ; [tradução de Luís Fragoso]. – Rio de Janeiro : Ediouro, 2013.
208 p. : il. ; 29 cm

Tradução de: Keith Richard : A rock 'n' roll life
ISBN 978-85-220-1423-1

1. Richards, Keith, 1943-. 2. Músicos – Inglaterra – Biografia. I. Título.

CDD: 927.8042
CDU: 929:78.067.26

Fender